초 등

한자와 생활
漢字 生活

5 단계

홍식구
장성희
임금래 엮음
김종욱

학 문 사

이 책을 출간하며…

漢字는 원래 중국에서 만들어졌습니다. 우리말에 대한 정립이 미흡하고, 사용할 수 있는 글이 없을 때 漢字를 빌어다가 사용했습니다. 오랜 세월 동안 漢字를 사용하면서 한자는 우리의 전통이 되었고, 언어가 되었으며, 문화로 정립되었습니다. 그러나 우리는 漢字·漢文을 남의 문자라고 생각하는 경향이 있습니다. 漢字는 중국에서 만들어졌기 때문에 한국인의 문자가 아니라는 것입니다. 그러나 자기 것으로 습득하면 우리의 것이 됩니다.

이와 같은 점에 바탕을 두고 漢字를 보다 쉽게 익힐 수 있는 방법이 없을까 궁리하면서 만든 책이 초등학교 「漢字와 生活」입니다. 현재 시중에는 출판사의 취향에 따라서 만든 교재도 있고, 학생들의 능력 정도는 물론 사회의 요구 수준을 겸허하게 수용한 교재도 있습니다. 그런가 하면 상업성에 연연한 책도 있습니다. 이 책은 이와 같은 여러 가지 장점은 취하고, 단점은 보완하면서 漢字 교육에 대한 새로운 전기를 마련하기 위해 만들었습니다. 곧 漢字를 알지 못하는 학생들의 능력 정도와 지도하는 교사와 학부모의 요구 수준 등 사회의 요청 수준을 겸허하게 수용했습니다.

이 책은 漢字와 漢字語를 모아서 모두 4부로 나누었습니다. 매단원에서는 자원을 통해서 기본한자를 충실하게 학습할 수 있도록 하면서 국한혼용문을 그림과 함께 읽어 볼 수 있게 하였으며, 간단한 평가문제를 통해서 자기학습력을 점검할 수 있게 하였습니다. 漢字는 역시 써보아야한다는 기본 원칙에 바탕을 두고 바른 필순에 의해 써보게 함으로써 가히 '한자완전학습'을 기할 수 있도록 했습니다.

뜻 있는 이들의 지도와 독자의 따뜻한 사랑을 바랍니다.

엮은이

일러두기

　이 책은 초등학교 한문 교육 과정에 맞춰서 만든 초등학교 한자 교과서 1단계부터 5단계 중 5단계 교과서입니다.

　이 책은 다음과 같이 구성되어 있습니다.

1 　각 단원이 시작할 때마다 그 단원에서 배워야 할 내용을 「학습 목표」에 밝혀 예습이 가능하도록 하였습니다.

2 　각 단원마다 한 가지의 주제를 가지고 그에 해당되는 낱말을 제시하였습니다.

3 　각각의 낱말을 한 자씩 삽화와 함께 뜻을 풀이했으며 정확한 이해를 돕기위해 뒷장에 예시문을 들었습니다.

4 　문제에 대한 해답은 본문 뒤에 넣어 올바르게 이해할 수 있도록 하였습니다.

5 　낱말에 대한 학습이 끝나면 스스로를 평가할 수 있게끔 여러 가지 형태의 문제를 구성하였습니다.

6 　새로 배운 한자는 필순한자를 통해 올바른 한자쓰기를 할 수 있도록 하였습니다.

7 　각 단원이 끝날 때마다 「이야기 고사성어」를 수록해 어린이들이 이해하기 어려운 고사성어를 옛날 이야기식으로 풀어 그 유래와 뜻을 알기 쉽게 하였습니다.

이 책의 순서

민주주의

漢字

1. **자유, 평등, 우호** (自由, 平等, 友好)

2. **책임, 의무, 권리** (責任, 義務, 權利)

3. **민주, 사회, 건설** (民主, 社會, 建設)

4. **소질, 능력, 배양** (素質, 能力, 培養)

학 습 목 표

- 한자의 뜻과 음, 총 획수, 부수를 안다.
- 한자 자형의 원리와 쓰임을 안다.
- 민주 시민의 갖추어야 할 자세를 안다.

자유, 평등, 우호
(自由, 平等, 友好)

새·로·배·울·단·어

自 由 平 等 友 好

스스로·자 말미암을·유   평평할·평 등급·등   벗할·우 좋을·호

 '자유, 평등, 우호'에 관계 있는 글자 원리를 알아봅시다.

自 스스로 · 자	台 → 自 → 自	自부 0획 [총 6획]
	사람 얼굴에 오똑 솟아 냄새를 맡을 수 있는 코의 모양을 본떠서 '스스로'를 뜻한 글자입니다.	
由 말미암을 · 유	甶 → 田 → 由	田부 0획 [총 5획]
	초목에 주렁주렁 열매 맺는 모양을 본떠 '말미암다'는 뜻의 글자입니다.	

平 평평할 · 평	乎 → 丅 → 平	干부 2획 [총 5획]
	말할 때의 입김(于)이 고루 퍼져(八) 나감을 나타내어 그 면이 '평평하다'는 뜻의 글자입니다.	
等 등급 · 등	笭 → 箳 → 等	竹부 6획 [총 12획]
	관청(寺)에서 쓰는 서류를 대쪽(竹)처럼 가지런히 정리하여 순서대로 놓으니 '등급'을 뜻한 글자입니다.	

友 벗할 · 우	㕛 → 㝵 → 友	又부 2획 [총 4획]
	친한 친구끼리 왼손(ナ)과 오른손(又)을 서로 맞잡고 웃으며 친하게 지내니 '벗'을 뜻한 글자입니다.	
好 좋을 · 호	㚿 → 㚩 → 好	女부 3획 [총 6획]
	여자(女)가 사랑스러운 자식(子)을 낳아 알뜰히 키우면서 아주 '좋아하다'는 뜻의 글자입니다.	

 예문을 읽으며 글자의 쓰임을 알아봅시다.

自 由
스스로 · 자 말미암을 · 유

1914년, 오랜만에 고국에 돌아온 간디는 영국으로부터 **自由**(자유)와 독립을 쟁취하고자 하였습니다.

• **自由**(자유) - 무엇에 얽매이지 않고 마음대로 행동하는 일

平 等
평평할 · 평 등급 · 등

우리반 여선생님께서는 남자어린이나 여자어린이 모두에게 **平等**(평등)하게 대해 주시고, 항상 다정한 말씀만 해 주십니다.

• **平等**(평등) - 차별 없이 동등함.

友 好
벗할 · 우 좋을 · 호

다른 나라와 **友好**(우호) 관계가 유지되면 여러 면에서 자기 나라에 이익이 됩니다.

• **友好**(우호) - 개인끼리나 나라끼리 서로 사이가 좋음.

 배운 글자를 익혀 봅시다.

01 다음 뜻을 가진 한자를 쓰시오.

> 사람 얼굴에 오똑 솟아 냄새를 맡을 수 있는 코의 모양을 본떠서 '스스로'를 뜻한 글자

(   )

02 다음 중 한자와 부수가 <u>잘못</u> 연결된 것은 어느 것입니까?

① 自 - 自　　② 由 - 田　　③ 平 - 干
④ 等 - 寸　　⑤ 好 - 女

03 다음 한자의 총 획수를 쓰시오.

(1) 等 - (획)　　(2) 好 - (획)

04 다음 빈 칸에 알맞은 한자를 쓰시오.

> 우리 선생님은 학생들 모두를 ☐☐ (평등) 하게 대해 주십니다.

(   )

05 다음 한자의 음을 쓰시오.

(1) 自由 - (   )　　(2) 友好 - (   )

 글자의 뜻과 음을 읽으며, 필순에 맞게 따라 써 보시오.

| 自 | ´ ´ ´ ´ ´ 自 自 自 | | | | |
| 스스로 · 자 | 自 | | | | |

| 由 | ` ¹ ¹ ¹ 由 由 | | | | |
| 말미암을 · 유 | 由 | | | | |

| 平 | ´ ` ` ´ 平 | | | | |
| 평평할 · 평 | 平 | | | | |

| 等 | ´ ´ ´ ´ ´ ´ ´ ´ ´ 等 等 等 | | | | |
| 등급 · 등 | 等 | | | | |

| 友 | ´ ´ ´ 友 | | | | |
| 벗할 · 우 | 友 | | | | |

| 好 | ´ ´ ´ ´ ´ 好 好 | | | | |
| 좋을 · 호 | 好 | | | | |

 배운 한자를 써 보시오.

自 스스로 · 자	自	自	自			
由 말미암을 · 유	由	由	由			
平 평평할 · 평	平	平	平			
等 등급 · 등	等	等	等			
友 벗할 · 우	友	友	友			
好 좋을 · 호	好	好	好			

2 책임, 의무, 권리
(責任, 義務, 權利)

■■■ 새·로·배·울·단·어 ■■■

責 任　義 務　權 利

꾸짖을·책　맡길·임　옳을·의　힘쓸·무　권세·권　이로울·리
책임·책

 '책임, 의무, 권리'에 관계 있는 글자 원리를 알아봅시다.

責 꾸짖을·책 책임·책	靑 → 貢 → 責	貝부 4획 [총 11획]
	꾸워 쓴 돈(貝)을 갚으라고 가시(主←束)로 찌르듯이 재촉하니 '꾸짖는다'는 뜻의 글자입니다.	
任 맡길·임	壬 → 任 → 任	人부 4획 [총 6획]
	어른(亻←人)이 어린이에게 짐을 짊어지고(壬) 가도록 책임지우니 '맡기다'는 뜻의 글자입니다.	

義 옳을·의	義 → 義 → 義	羊부 7획 [총 13획]
	나(我)의 마음 씀을 양(羊)처럼 착하고 의리있게 가지니 바르고 '옳다'는 뜻의 글자입니다.	
務 힘쓸·무	務 → 務 → 務	力부 9획 [총 11획]
	창(矛)으로 찌르고 자루로 후려쳐서(攵) 힘(力)들여 노력하니 '힘쓰다'는 뜻의 글자입니다.	

權 권세·권	權 → 權 → 權	木부 18획 [총 22획]
	황새(雚)가 나무(木) 가지에 앉아 하늘과 땅을 살피며 의젓한 자태를 보이니 '권세'를 뜻하는 글자입니다.	
利 이로울·리	利 → 利 → 利	刀부 5획 [총 7획]
	쟁기의 모습(刂→刀)으로 농토를 갈아 농사를 지으니 벼(禾)에 '이로움다'는 뜻의 글자입니다.	

 **예문을 읽으며 글자의 쓰임을 알아봅시다.**

責 任
꾸짖을·책   맡길·임
책임·책

동생과 싸운 저에게 어머니께서 꾸지람을 하셨습니다. 그래서 저는 "모두가 저 때문입니다. 이 싸움의 責任(책임)은 제게 있습니다."라고 말했습니다.

• 責任(책임) - 맡아서 해야 할 임무

義 務
옳을·의   힘쓸·무

구단에서는 파울볼로 말미암아 사람이 다치지 않도록 방호 시설을 설치해야 할 義務(의무)가 있다고 생각합니다.

• 義務(의무) - 당연히 해야 할 일

權 利
권세·권   이로울·리

그는 많은 인도인들 앞에서 그들이 고쳐야 할 것과 마땅히 찾아야 할 權利(권리)에 대하여 연설하였습니다.

• 權利(권리) - 권세와 이익

배운 글자를 익혀 봅시다.

01 다음 중 한자와 총 획수가 바르게 짝지어진 것은 어느 것입니까?

① 責 – 10획   ② 義 – 12획   ③ 務 – 10획

④ 權 – 22획   ⑤ 利 – 6획

02 다음 중 한자와 부수가 <u>잘못</u> 짝지어진 것은 어느 것입니까?

① 責 – 貝   ② 任 – 亻   ③ 義 – 羊

④ 務 – 力   ⑤ 利 – 木

03 다음 한자의 음을 쓰시오.

(1) 責任 – (   )   (2) 義務 – (   )

(3) 權利 – (   )

04 다음 밑줄 친 말을 한자로 쓰시오.

대통령 선거에 참여하는 것은 자유 민주주의 국가의 국민으로서 마땅히 누려야 할 <u>권리</u>입니다.

(   )

05 다음 중 '꾸짖다'의 뜻을 가진 한자는 어느 것입니까?

① 責   ② 義   ③ 務

④ 權   ⑤ 利

 글자의 뜻과 음을 읽으며, 필순에 맞게 따라 써 보시오.

責 꾸짖을·책 책임·책	一 十 キ 主 青 青 青 青 青 責 責	責				
任 맡길·임	ノ イ イ 仁 仟 任	任				
義 옳을·의	` `` `` `` `` 羊 羊 羊 羊 義 義 義	義				
務 힘쓸·무	` `` ? 予 矛 矛 矛 矛 務 務 務	務				
權 권세·권	一 十 オ オ オ オ 术 椎 椎 椎 椎 椎 權 權 權	權				
利 이로울·리	` 一 千 禾 禾 利 利	利				

 배운 한자를 써 보시오.

責 꾸짖을·책 책임·책	責	責	責				
任 맡길·임	任	任	任				
義 옳을·의	義	義	義				
務 힘쓸·무	務	務	務				
權 권세·권	權	權	權				
利 이로울·리	利	利	利				

3 민주, 사회, 건설
(民主, 社會, 建設)

새·로·배·울·단·어

民	主	社	會	建	設
백성·민	주인·주	모일·사	모을·회	세울·건	베풀·설

 '민주, 사회, 건설'에 관계 있는 글자 원리를 알아봅시다.

民 백성·민	史 → 民 → 民	氏부 1획 [총 5획]
	여자(民→母)들이 자식(一)을 낳아 기르면 그 수효가 점차 많아지니 한 나라의 '백성'을 뜻하는 글자입니다.	
主 주인·주	呈 → 呈 → 主	·부 4획 [총 5획]
	어두운 방안을 환하게 비춰 주는 촛불처럼 가족을 위해 봉사하는 가장인 '주인'을 뜻하는 글자입니다.	

社 모일·사	社 → 社 → 社	示부 3획 [총 8획]
	여러 사람이 '모여서' 토지(土) 신(示)에게 발전을 기원하면서 '제사 지낸다'는 뜻의 글자입니다.	
會 모을·회	會 → 會 → 會	日부 9획 [총 13획]
	의논하기 위해서 사람들을 불러모아(스←合) 사람의 수효가 점차 더해가니(胃←會) '모으다'를 뜻하는 글자입니다.	

建 세울·건	圉 → 廬 → 建	廴부 6획 [총 9획]
	국법을 붓(聿)으로 써서(廴) 멀리 지방까지 알려 나라의 기강을 '세우다'를 뜻하는 글자입니다.	
設 베풀·설	設 → 設 → 設	言부 4획 [총 11획]
	전문가가 작업(殳)을 열심히 하도록 말(言)로 지시하고 타이르니 '베풀다'를 뜻하는 글자입니다.	

 예문을 읽으며 글자의 쓰임을 알아봅시다.

民 主
백성·민   주인·주

미국의 자유 **民主**(민주)주의가 바로 이런 정신에서 연유한 것이란 공감을 하게 되었답니다.

• **民主**(민주) - 국민이 주인임.

社 會
모일·사   모을·회

시간에 쫓기는 복잡한 현대 **社會**(사회)일수록 풍부한 정서를 기르는 일에도 힘써야 합니다.

• **社會**(사회) - 이 세상집단

建 設
세울·건   베풀·설

북한에서는 이념교육을 공산 사회주의 혁명과 **建設**(건설)의 힘있는 무기로 생각하고 주민을 통제하는 수단으로 여깁니다.

• **建設**(건설) - 새로 세워 만듦.

배운 글자를 익혀 봅시다.

01 다음의 내용이 뜻하는 한자를 쓰시오.

> 어두운 방안을 환하게 비춰 주는 촛불처럼 가족을 위해 봉사하는 가장을 나타낸 글자

(   )

02 다음 한자의 부수를 쓰시오.

(1) 社 – (부)　　　(2) 設 – (부)

03 다음 중 획수가 가장 많은 것은 어느 것입니까?

① 民　　　　② 社　　　　③ 會
④ 建　　　　⑤ 設

04 다음 빈 칸에 알맞은 한자를 써 넣으시오.

> 여러분이 바로 21세기 미래 ☐☐(사회)의 주인공입니다.

(   )

05 다음 한자를 쓰시오.

(1) 건설 – (   )　　　(2) 민주 – (   )

 글자의 뜻과 음을 읽으며, 필순에 맞게 따라 써 보시오.

民 백성 · 민	ㄱ ㄱ �尸 ㄸ 民
	民

主 주인 · 주	丶 亠 亠 主 主
	主

社 모일 · 사	㇐ 亠 亍 亓 示 示 社 社
	社

會 모을 · 회	ノ 人 亼 亼 今 佘 命 命 侖 侖 會 會 會
	會

建 세울 · 건	ㄱ ㄱ ㅋ ㅋ 글 聿 肀 建 建
	建

設 베풀 · 설	丶 亠 亠 言 言 言 言 訳 設 設
	設

 배운 한자를 써 보시오.

民	民	民	民			
백성 · 민						

主	主	主	主			
주인 · 주						

社	社	社	社			
모일 · 사						

會	會	會	會			
모을 · 회						

建	建	建	建			
세울 · 건						

設	設	設	設			
베풀 · 설						

4 소질, 능력, 배양
(素質, 能力, 培養)

素 質 能 力 培 養

바탕·소 바탕·질   능할·능 힘·력   북돋을·배 기를·양

 '소질, 능력, 배양' 에 관계 있는 글자 원리를 알아봅시다.

素 바탕 · 소	繺 → 棻 → 素	糸부 4획 [총 10획]
	빨아 널어놓은(主←華) 명주실(糸)로 짠 옷베의 색깔이 '흰' 빛으로 '바탕' 됨을 뜻하는 글자입니다.	
質 바탕 · 질	質 → 質 → 質	貝부 8획 [총 15획]
	사람이 살아가는 데 돈(貝)이 그 모탕(斦)을 이루니 '바탕'을 뜻하는 글자입니다.	

能 능할 · 능	飛 → 彖 → 能	肉부 6획 [총 10획]
	곰이 주둥이(ㅿ)와 몸뚱이(月←肉), 그리고 네 발(ヒ)로 재주부리니 '능하다' 는 뜻의 글자입니다.	
力 힘 · 력	力 → 力 → 力	力부 0획 [총 2획]
	팔이나 가슴에 볼록해진 탄력성 있는 피부의 힘살 모양을 본떠서 '힘'을 뜻하는 글자입니다.	

培 북돋을 · 배	培 → 培 → 培	土부 8획 [총 11획]
	초목이 곁뿌리가 튼튼히 자라도록 고랑의 흙(土)을 파고 잘게 부셔서(咅) 긁어 올리니 '북돋우다' 는 뜻의 글자입니다.	
養 기를 · 양	羧 → 羹 → 養	食부 6획 [총 15획]
	순한 양(羊)처럼 풀잎 같은 음식(良)을 먹여 기르듯이 가르쳐서 '기르다' 는 뜻의 글자입니다.	

예문을 읽으며 글자의 쓰임을 알아봅시다.

素 質
비탕·소 비탕·질

그는 그림을 그리는 데에 뛰어난 素質(소질)이 있어 여러번의 전시회를 통해 유명한 화가라는 말을 듣고 있습니다.

• 素質(소질) - 본디부터 타고난 성질

能 力
능할·능 힘·력

각자의 소질을 잘 살리다보면 여러 방면에서 국가나 사회의 발전을 위해서 자기의 能力(능력)을 충분히 발휘할 수 있습니다.

• 能力(능력) - 어떤 일을 이룰 수 있는 힘

培 養
북돋을·배 기를·양

올림픽에서 국위선양을 위해 땀흘려 연습하는 것은 선수 모두의 희망입니다. 선수들은 좋은 성적을 거두기 위해서는 체력을 培養(배양)해야 합니다.

• 培養(배양) - 북돋우어 기름.

🐸 배운 글자를 익혀 봅시다.

01 다음에 맞는 한자를 쓰시오.

(1) 바탕·소 – (   )   (2) 북돋을·배 – (   )

02 다음 중 바탕을 뜻하는 한자는 어느 것입니까?

① 質   ② 能   ③ 力
④ 培   ⑤ 養

03 다음 중 한자와 부수가 <u>잘못</u> 짝지어진 것은 어느 것입니까?

① 素 – 糸   ② 質 – 貝   ③ 力 – 力
④ 培 – 土   ⑤ 養 – 一

04 다음 한자를 쓰시오.

(1) 능력 – (   )   (2) 배양 – (   )

05 다음 밑줄 친 말을 한자로 쓰시오.

아버지는 정수가 축구에 <u>소질</u>이 있다는 것을 그 때 처음 알게
되셨습니다.

(   )

글자의 뜻과 음을 읽으며, 필순에 맞게 따라 써 보시오.

素	一 十 ナ 主 主 孝 素 素 素
바탕·소	素

質	´ ⼓ ⼔ ⼕ ⼗ ⼱ ⼲ ⼳ ⼴ 質 質 質 質 質
바탕·질	質

能	´ ⼚ ム ⼴ ⼵ ⼶ ⼷ 能 能 能
능할·능	能

力	⼃ 力
힘·력	力

培	一 十 ナ 圵 圵 圵 圻 垃 垃 培 培
북돋을·배	培

養	` ` ⼴ ⼶ ⼷ ⼸ 羊 羊 美 美 莠 莠 莠 養 養 養
기를·양	養

 배운 한자를 써 보시오.

素 바탕·소	素	素	素			

質 바탕·질	質	質	質			

能 능할·능	能	能	能			

力 힘·력	力	力	力			

培 북돋을·배	培	培	培			

養 기를·양	養	養	養			

四 面 楚 歌
넉·사   얼굴·면   모형·초   노래·가

四 面(사면)은 '사방', 楚(초)는 '초나라', 歌(가)는 '노래'를 뜻합니다. 즉 四面楚歌(사면초가)라는 말은 원래 '사방에서 들려오는 초나라의 노랫소리'라는 뜻입니다.

옛날에 초나라의 유명한 장수인 항우가 있었습니다. 그는 8,000명의 군사를 거느리고 곳곳을 누비며 전투를 벌여 승리를 거두었습니다. 그러다가 '해하'라는 곳의 성에 몰리게 되었습니다. 성 주위에는 유방의 군사가 완전히 둘러싸고, 식량도 바닥이 났습니다. 그날밤, 항우는 잠을 자다 귓결에 들려오는 노랫소리를 들었습니다. 그 노랫소리는 모두 초나라의 노랫소리였습니다. 이것은 그의 부하인 초나라 군사가 성 밖의 유방의 군사에게 항복을 하고 부르는 노랫소리였습니다. 항우는 이제 사면이 초나라의 노랫소리가 나는 곳(四面楚歌, 사면초가)을 헤치고 달아나야 할 형편이었습니다. 그 날 항우는 자신의 남아있는 군사 800명을 거느리고 도망을 가다 장렬하게 죽고 말았습니다.

이렇게까지 된 것은 항우가 자신의 힘만 믿고, 부하들의 훌륭한 대책에도 아랑곳하지 않아서 생긴 상황이었습니다. 이 때부터 四面楚歌(사면초가)라는 상황이 생겼습니다.

② 우리의 문화

학 습 목 표

🈞 한자의 뜻과 음, 총 획수, 부수를 안다.

🈯 한자 자형의 원리와 쓰임을 안다.

🈺 우리 문화를 이해한다.

5 한식, 추석, 단오
(寒食, 秋夕, 端午)

寒	食	秋	夕	端	午
찰·한	밥·식	가을·추	저녁·석	끝·단	낮·오

 '한식, 추석, 단오' 에 관계 있는 글자 원리를 알아봅시다.

寒 찰·한	霥 → 霥 → 寒	宀부 9획 [총 12획]
	집안의 문틈(宀)으로 찬(冫) 공기가 많이 들어와 매우 추워서 「차다」는 뜻의 글자입니다.	
食 밥·식	食 → 食 → 食	食부 0획 [총 9획]
	사람(人)이 살아가기 위해 좋아하여(良) 즐겨 먹는 음식으로 널리 「밥」을 뜻한 글자입니다.	

秋 가을·추	𣚰 → 秌 → 秋	禾부 4획 [총 9획]
	따뜻한 햇볕(火)을 받아 여문 곡식(禾)이 무르익은 수확의 계절로 '가을' 을 뜻하는 글자입니다.	
夕 저녁·석	𝄐 → 𝄑 → 夕	夕부 0획 [총 3획]
	아직은 덜 어두운 해질녘에 구름이 초승달에 가려져 있음을 가리켜 '저녁' 을 뜻하는 글자입니다.	

端 끝·단	� → 𡒶 → 端	立부 9획 [총 14획]
	서서(立) 자란 풀이 실끝(耑)처럼 뾰족하고 날카로운 실마리 같아서 '끝' 을 뜻하는 글자입니다.	
午 낮·오	↑ → 午 → 午	十부 2획 [총 4획]
	음기와 양기가 교차되어 엇갈리는 때인 낮 12시를 가리켜 '낮' 을 뜻하는 글자입니다.	

 예문을 읽으며 글자의 쓰임을 알아봅시다.

寒 食

찰·한 밥·식

우리 고유의 문화 중에서 寒食(한식)날은 산불방지를 위해 불을 못쓰게 하므로 찬 음식을 먹게 되었다고 합니다.

• 寒食(한식) - (양력 4월 5·6일)
  지난해 동지로부터 105일째 되는날

秋 夕

가을·추 저녁·석

우리 나라의 명절 중에서 설날과 추석이 가장 큰 명절입니다. 설날에는 성묘도 하고 세배를 하지만, 秋夕(추석)에는 송편도 먹고 성묘도 갑니다.

• 秋夕(추석) - 한가위, 음력 8월 15일

端 午

끝·단 낮·오

옛날부터 우리 민족은 미풍양속을 소중히 여겨왔습니다. 그 중 端午(단오)날에는 수리취떡을 먹고, 그네도 뛰며 놀았습니다.

• 端午(단오) - 음력 5월 5일

배운 글자를 익혀 봅시다.

01 다음 중 총 획수가 가장 많은 것은 어느 것입니까?

① 寒 　　② 食 　　③ 秋 　　④ 夕 　　⑤ 端

02 다음이 설명하는 한자는 어느 것입니까?

> 따뜻한 햇볕을 받아 여문 곡식이 무르익은 수확의 계절을 뜻하는 글자입니다.

① 秋 　　② 夕 　　③ 端 　　④ 午 　　⑤ 寒

03 다음 중 부수와 총 획수가 같은 것은 어느 것입니까?

① 食 　　② 秋 　　③ 夕 　　④ 端 　　⑤ 午

04 다음 빈 칸에 알맞은 한자를 쓰시오.

> ☐☐ (단오) 날에는 수리취떡을 먹고 그네도 뛰며 놉니다.

(　　　　　　　)

05 다음 중 송편을 먹고 성묘도 하는 한가위 명절을 가리키는 한자는 어느 것입니까?

① 寒食 　　　　② 秋夕 　　　　③ 正午
④ 端午 　　　　⑤ 夕陽

 글자의 뜻과 음을 읽으며, 필순에 맞게 따라 써 보시오.

寒 찰·한	丶 丷 宀 宀 宀 宊 宊 宲 実 実 寒 寒					
	寒					

食 밥·식	丿 入 𠆢 今 今 令 食 食 食					
	食					

秋 가을·추	丿 二 千 禾 禾 禾 禾 秒 秋					
	秋					

夕 저녁·석	丿 勹 夕					
	夕					

端 끝·단	丶 亠 亠 立 立 立 立 立 立 立 端 端 端					
	端					

午 낮·오	丿 𠂉 ニ 午					
	午					

 배운 한자를 써 보시오.

寒 찰·한	寒	寒	寒			
食 밥·식	食	食	食			
秋 가을·추	秋	秋	秋			
夕 저녁·석	夕	夕	夕			
端 끝·단	端	端	端			
午 낮·오	午	午	午			

6 문화, 유산, 보전
(文化, 遺産, 保全)

文化

遺産

保全

文 글자·문   化 교화할·화   遺 끼칠·유   産 낳을·산   保 보호할·보   全 온전할·전

 '문화, 유산, 보전'에 관계 있는 글자 원리를 알아봅시다.

文 글자 · 문	𡥀 → 𠔉 → 文	文부 0획 [총 4획]
	사람의 머리(亠)로 음(丿)양(丶)이 교차하는 모양을 나타내어 널리 '글월'을 뜻하는 글자입니다.	
化 교화할 · 화	𠤎 → 化 → 化	匕부 2획 [총 4획]
	사람(亻←人)이 덕을 쌓아가면서 좋은 방향으로 화(匕)되니 '교화하다'는 뜻의 글자입니다.	

遺 끼칠 · 유	遺 → 遺 → 遺	辶부 12획 [총 16획]
	집을 떠나가면서(辶) 귀중한(貴) 물건을 남겼으니 '끼치다'는 뜻의 글자입니다.	
産 낳을 · 산	産 → 産 → 産	生부 6획 [총 11획]
	장차 나라를 위해 열심히 일할 큰 인물(产←彦)될 아이를 생산하니 (生) '낳다'는 뜻의 글자입니다.	

保 보호할 · 보	保 → 保 → 保	人부 7획 [총 9획]
	어머니(亻←人)가 철없는 아이를 가슴에 안고(呆) 정성껏 살피니 '보호하다'는 뜻의 글자입니다.	
全 온전할 · 전	全 → 仝 → 全	入부 4획 [총 6획]
	좋은 품질에 들어간(入) 양질의 구슬(玉←玉)은 물어볼 필요없이 '온전하다'는 뜻의 글자입니다.	

 **예문을 읽으며 글자의 쓰임을 알아봅시다.**

文 化
글자·문 교화할·화

그 곳은 큰 인공 호수를 중심으로 만들어진 휴양지인데, 주변에는 많은 신화 文化(문화) 유적이 있습니다.

• 文化(문화) - 생활 방식

遺 産
끼칠·유 낳을·산

최초로 만든 금속 활자, 고려 청자와 팔만 대장경 등은 조상들의 창조 정신이 낳은 遺産(유산)입니다.

• 遺産(유산) - 죽은 사람이 남긴 재산

保 全
보호할·보 온전할·전

우리 나라 애국가는 4절까지 있습니다. 초등학교에 입학하게 되면 꼭 배우게 되는 애국가에 '대한 사람 대한으로 길이 保全(보전)하세.'라는 구절이 있습니다.

• 保全(보전) - 잘 안전하게 보호함.

 배운 글자를 익혀 봅시다.

01 다음 중 '교화하다'는 뜻을 가진 한자는 어느 것입니까?

① 文　　　② 化　　　③ 遺　　　④ 産　　　⑤ 保

02 다음 중 한자의 부수를 쓰시오.

(1) 文 - (　　　　)　　　　(2) 産 - (　　　　)

03 다음 한자의 총 획수를 쓰시오.

(1) 遺 - (　　　　획)　　　　(2) 産 - (　　　　획)

04 다음 한자를 읽어 보시오.

(1) 文化　　　　(2) 遺産　　　　(3) 保全

05 후대에 남긴 가치 있는 문화나 전통을 무엇이라고 합니까?

(　　　　　　　　　　　)

글자의 뜻과 음을 읽으며, 필순에 맞게 따라 써 보시오.

| 文 글자 · 문 | ､ 亠 亣 文 |
| | 文 |

| 化 교화할 · 화 | ノ 亻 亻 化 |
| | 化 |

| 遺 끼칠 · 유 | ､ 冖 口 中 虫 虫 串 串 串 串 貴 貴 貴 遺 遺 遺 |
| | 遺 |

| 産 낳을 · 산 | ､ 亠 亣 立 产 产 产 产 産 産 |
| | 産 |

| 保 보호할 · 보 | ノ 亻 亻 亻 伫 伫 伲 伲 保 保 |
| | 保 |

| 全 온전할 · 전 | ノ 人 亼 仐 仝 全 |
| | 全 |

 배운 한자를 써 보시오.

文 글자 · 문	文	文	文			
化 교화할 · 화	化	化	化			
遺 끼칠 · 유	遺	遺	遺			
產 낳을 · 산	產	產	產			
保 보호할 · 보	保	保	保			
全 온전할 · 전	全	全	全			

7 역사, 전통, 성곽
(歷史, 傳統, 城郭)

새·로·배·울·단·어

歷 史　傳 統　城 郭

지닐·력(역) 역사·사　전할·전 거느릴·통　재·성　외성·곽

알아두기	'歷' 자는 낱말의 첫머리에서는 '역'으로 읽습니다.

 '역사, 전통, 성곽'에 관계 있는 글자 원리를 알아봅시다.

歷 지낼·력(역)	歷 → 歷 → 歷	止부 12획 [총 16획]
	오랜 세월(厤)에 걸쳐 발전된 사실의 발자취(止)로서 겪으며 '지내다'는 뜻의 글자입니다.	
史 역사·사	史 → 史 → 史	口부 2획 [총 5획]
	손(ㅌ←手)으로 붓을 잡아 가장 공정하게(中) 써 놓은 글로 오래남을 '역사'를 뜻하는 글자입니다.	

傳 전할·전	傳 → 傳 → 傳	人부 11획 [총 13획]
	풀리는 실패(叀)를 손(寸)으로 끌어들여 다른 사람(亻←人)에게 '전하다'는 뜻의 글자입니다.	
統 거느릴·통	統 → 統 → 統	糸부 6획 [총 12획]
	누에고치 주위에 가는 실(糸)로 채워진(充) 실마리가 이어져 계통을 이루니 '거느리다'는 뜻의 글자입니다.	

城 재·성	城 → 城 → 城	土부 7획 [총 10획]
	국토를 방위하려고 흙(土)을 높이 쌓아서 이룬(成) 성으로 '재'를 뜻하는 글자입니다.	
郭 외성·곽	郭 → 郭 → 郭	邑부 8획 [총 11획]
	고을(阝←邑)의 편안함을 누리기(享) 위하여 성 밖에 쌓은 '외성'을 뜻하는 글자입니다.	

 **예문을 읽으며 글자의 쓰임을 알아봅시다.**

歷 史

지낼 · 력(역) 역사 · 사

"학자들은 문화적 측면만을 강조하지만, 저는 인류 **歷史**(역사)적 측면에서 그 원인을 찾고자 합니다."

· 歷史(역사) - 인류 사회가 겪어온 변천 · 흥망의 기록

傳 統

전할 · 전 거느릴 · 통

김정호는 정확한 지도를 만들기 위해 대동여지도에서 이 **傳統**(전통) 기법을 보다 정확하게 계승하고 발전시켰습니다.

· 傳統(전통) - 전하여 내려오는 오랜 계통

城 郭

재 · 성 외성 · 곽

정약용은 무거운 물건을 들어올리는 데 사용되던 재래식 기계인 거중기를 이용하여 수원 **城郭**(성곽)을 지었다고 합니다.

· 城郭(성곽) - 내성과 외성을 이르는 말

🐡 배운 글자를 익혀 봅시다.

01 다음 한자의 뜻과 음을 쓰시오.

   (1) 歷 (뜻: 음:)

   (2) 城 (뜻: 음:)

02 다음 중 총 획수가 13획인 것은 어느 것입니까?

   ① 歷   ② 傳   ③ 統   ④ 城   ⑤ 郭

03 다음 한자의 부수는 어느 것입니까?

   傳   ① 亻   ② 一

              ③ 寸   ④ 日

04 다음 한자를 읽어 보시오.

   (1) 歷史 (   )   (2) 傳統 (   )

05 다음 한자를 쓰시오.

> 정약용은 거중기를 이용하여 수원 ⬚⬚ (성곽)을 지었다고 합니다.

                                   (   )

| 歷 | 一 厂 厂 厂 斤 斤 斤 斤 厤 厤 厤 厤 厤 厤 歷 歷 歷 |
| 지날 · 력(역) | 歷 |

| 史 | 丶 口 口 史 史 |
| 역사 · 사 | 史 |

| 傳 | 丿 亻 亻 亻 仨 仨 佰 俥 俥 僖 傳 傳 |
| 전할 · 전 | 傳 |

| 統 | ㄥ ㄥ ㄠ ㄠ 幺 糸 糸 糸 糸 紓 統 統 |
| 거느릴 · 통 | 統 |

| 城 | 一 十 土 圹 圹 圹 坊 城 城 城 |
| 재 · 성 | 城 |

| 郭 | 丶 一 亠 亠 亠 亩 亨 亨 亨 郭 郭 |
| 외성 · 곽 | 郭 |

 배운 한자를 써 보시오.

歷	歷	歷			

歷 지날 · 력(역)

史	史	史			

史 역사 · 사

傳	傳	傳			

傳 전할 · 전

統	統	統			

統 거느릴 · 통

城	城	城			

城 재 · 성

郭	郭	郭			

郭 외성 · 곽

君子三樂

스승·군　남자·자　석·삼　즐거울·락

맹자(孟子)의 "진심장상(盡心章上)"에 나오는 구절입니다. 君子三樂(군자삼락)이라고 하지만 흔히 孟子三樂(맹자삼락)이라고도 합니다. 진심장(上) 2, 3, 4절에 보이는 구절로 앞 1절과 뒤 5절에 「王天下不與存焉(왕천하불여존언)」이라는 대목이 두 번씩 반복되어 나옵니다. 천하에 왕노릇하는 자는 더불어 있지 아니한다 하였으니 천하에 왕을 하려면 삼락과 더불어 해야 한다는 것입니다. 삼락이 있지 아니한 자는 제왕이 될 수 없다는 것으로 풀이됩니다.

맹자의 왕도정치는 백성에 근본하고 있습니다. '善政(선정)은 民(민)이 畏之(외지)하고 善敎(선교)는 民(민)이 愛之(애지)하나니 善政(선정)은 得民財(득민재)하고 善敎(선교)는 得民心(득민심)이니라'라고 말하고 있습니다. '착한 정치는 백성이 두려워하고 착한 가르침은 백성이 사랑하나니 착한 정치는 백성의 재물을 얻고, 착한 가르침은 백성의 마음을 얻는다'라고 가르치고 있습니다. 곧 민심을 가장 중요시하고 있음을 알 수 있습니다. 君子三樂(군자삼락)은 국가를 경영할 경륜도 없고, 백성을 사랑하는 인자함도 없으면서 왕도정치에는 귀도 귀울리지 않고 오직 전쟁을 통해서만 패자(覇者)가 되려고 했던 당시의 군왕들에게 왕노릇 이전에 먼저 기본적인 사람이 되라는 질책이자 큰 가르침이라 하겠습니다.

3 생활과 과학

漢字

학 습 목 표

🏵 한자의 뜻과 음, 총 획수, 부수를 안다.

🏵 한자 자형의 원리와 쓰임을 안다.

🏵 과학의 발달 변화를 안다.

8 물질, 세계, 공기
(物質, 世界, 空氣)

새·로·배·울·단·어

物 質 世 界 空 氣

만물·물 바탕·질   세상·세 한계·계   하늘·공 기운·기

 '물질, 세계, 공기'에 관계 있는 글자 원리를 알아봅시다.

物 만물 · 물	物 → 物 → 物	牛부 4획 [총 8획]
	제물로 바칠 때 소(牛)를 제외하지 않으니(勿) 소가 '만물'을 대표했음을 뜻하는 글자입니다.	
質 바탕 · 질	質 → 質 → 質	貝부 8획 [총 15획]
	사람이 살아가는 데 돈(貝)이 그 모탕(斦)을 이루니 '바탕'을 뜻하는 글자입니다.	

世 세상 · 세	世 → 世 → 世	一부 4획 [총 5획]
	열 십자(十)를 세 번 합하면 삼십이 되어 '한 세대'가 되니 '세상'을 뜻하는 글자입니다.	
界 한계 · 계	界 → 界 → 界	田부 4획 [총 9획]
	밭과 밭(田) 사이(介)를 구분하기 위해서 그어 놓은 높은 둑의 경계로 '한계'를 뜻하는 글자입니다.	

空 하늘 · 공	空 → 空 → 空	穴부 3획 [총 8획]
	물건이나 땅에 구멍(穴)이 뚫리도록 만들었으니(工) 속이 텅 '비어' 아무것도 '없다'는 뜻이며, '하늘'을 뜻하는 글자입니다.	
氣 기운 · 기	氣 → 氣 → 氣	气부 6획 [총 10획]
	솥에 쌀(米)을 넣고 밥을 지을 때 모락모락 나오는 증기(气)로 널리 '기운'을 뜻하는 글자입니다.	

 예문을 읽으며 글자의 쓰임을 알아봅시다.

物 質
만물·물 바탕·질

선비 정신은 *物質*(물질)보다는 정신, 이득보다는 명분을 중시하는 깨끗하고 맑은 지조 정신, 의리 정신의 표현이라고 할 수 있습니다.

• 物質(물질) - 물건을 이루는 바탕

世 界
세상·세 한계·계

이제 온 *世界*(세계)가 하나의 마을처럼 움직이는 지구촌화·세계화 시대가 되었습니다.

• 世界(세계) - 우주, 온 인류 사회

空 氣
하늘·공 기운·기

인간은 물, *空氣*(공기), 햇빛 중에서 어느 한 가지만 없어도 살아갈 수 없는데, 그것들은 모두 자연에서 얻어집니다.

• 空氣(공기) - 지구 표면을 둘러싸고 있는 기체

🐸 배운 글자를 익혀 봅시다.

01 다음 한자의 부수를 쓰시오.

(1) 質 - (   )   (2) 世 - (   )

02 다음이 설명하는 한자는 어느 것입니까?

> 사람이 살아가는 데 돈이 그 바탕을 이루니 '바탕'을 뜻하는 글자입니다.

(   )

03 다음 중 총 획수가 가장 적은 것은 어느 것입니까?

① 物   ② 質   ③ 界   ④ 空   ⑤ 氣

04 다음 글의 밑줄 친 말을 한자로 쓰시오.

> 선비 정신은 <u>물질</u>보다는 정신, 이득보다는 명분을 중시하는 깨끗하고 맑은 정신입니다.

(   )

05 다음이 설명하는 한자를 쓰시오.

(1) 사람이 살고 있는 지구 위   (   )

(2) 지구상의 인류 사회 전체   (   )

글자의 뜻과 음을 읽으며, 필순에 맞게 따라 써 보시오.

物 만물·물	ノ 一 十 牛 牛 牛 牧 物 物					
	物					

質 바탕·질	´ ノ ゲ ド 斤 斤 斤 斦 斦 斦 斦 斦 質 質 質					
	質					

世 세상·세	一 十 卅 廿 世					
	世					

界 한계·계	丶 冂 冂 罒 罒 田 甲 甲 界 界					
	界					

空 하늘·공	丶 丶 冖 宀 宀 宆 空 空					
	空					

氣 기운·기	ノ 一 ゲ 듬 气 气 气 氜 氛 氣 氣					
	氣					

 배운 한자를 써 보시오.

物 만물·물	物	物	物				
質 바탕·질	質	質	質				
世 세상·세	世	世	世				
界 한계·계	界	界	界				
空 하늘·공	空	空	空				
氣 기운·기	氣	氣	氣				

탐구, 사고, 완성
(探究, 思考, 完成)

새·로·배·울·단·어

探究　　思考　　完成

찾을·탐 연구할·구　생각·사 생각할·고　완전할·완 이룰·성

'탐구, 사고, 완성'에 관계 있는 글자 원리를 알아봅시다.

探 찾을 · 탐

手부 8획 [총 11획]

위험하고 깊은(罙) 곳까지 들어가 손(扌←手)으로 더듬어 새로운 물건을 '찾는다'는 뜻의 글자입니다.

究 연구할 · 구

穴부 2획 [총 7획]

굽이굽이 굽이진(九) 굴(穴)에 들어가서 파헤쳐 살피니 '연구하다'는 뜻의 글자입니다.

思 생각 · 사

心부 5획 [총 9획]

마음(心) 속에 간직했던 바의 일을 머리(田←囟)에 떠올리니 '생각하다'는 뜻의 글자입니다.

考 생각할 · 고

老부 2획 [총 6획]

성장이 멈추고(丂) 허리가 굽은 노인(耂←老)이 매사를 깊이 있게 '생각하다'는 뜻의 글자입니다.

完 완전할 · 완

宀부 4획 [총 7획]

한 가정(宀)에 남자와 여자 두(二) 사람(儿←人)이 알뜰히 살아가니 '완전하다'는 뜻의 글자입니다.

成 이룰 · 성

戈부 3획 [총 7획]

혈기 왕성한 청년(丁←[illegible])이 무성한(戊) 나무처럼 열심히 일해가니 목적대로 일을 '이루다'는 뜻의 글자입니다.

예문을 읽으며 글자의 쓰임을 알아봅시다.

探 究

찾을 · 탐 연구할 · 구

한글학자 주시경 선생님의 연구 업적은 남의 것을 바탕으로 이루어진 것이 아니고, 오로지 우리의 말과 글을 깊이 探究(탐구)한 결과에서 얻어진 값진 것이었습니다.

• 探究(탐구) - 더듬어 살펴 연구함.

思 考

생각 · 사 생각할 · 고

어른들은 어린이의 개방적인 思考(사고)를 이해해보려고 하지 않고 그저 억누르려고만 하는 경향이 있습니다.

• 思考(사고) - 생각하고 궁리함.

完 成

완전할 · 완 이룰 · 성

아름답게 完成(완성)되어 가는 내 그림에 은근히 자부심을 느끼던 나로서는 고호의 훌륭한 작품들을 보고 놀라지 않을 수 없었습니다.

• 完成(완성) - 완전하게 성취함.

배운 글자를 익혀 봅시다.

01 다음 한자의 음을 쓰시오.

(1) 探究 – (   )   (2) 思考 – (   )

02 다음 한자들 부수의 획수가 가장 <u>적은</u> 것은 어느 것입니까?

① 成   ② 完   ③ 考   ④ 思   ⑤ 探

03 다음 빈 칸에 알맞은 한자를 쓰시오.

어린이들은 종종 성인들의 [ ][ ](사고)를 이해하지 못 한다.

(   )

04 다음 뜻을 가진 한자를 쓰시오.

(1) 더듬어 살펴 연구하다.   (   )

(2) 완전하게 성취하다.   (   )

 글자의 뜻과 음을 읽으며, 필순에 맞게 따라 써 보시오.

| 探 찾을 · 탐 | 一 十 扌 扌 扩 扩 扨 挧 挧 探 探 探 |
| | 探 |

| 究 연구할 · 구 | 丶 丷 宀 宀 宂 究 究 |
| | 究 |

| 思 생각 · 사 | 丨 冂 田 甲 田 田 思 思 思 |
| | 思 |

| 考 생각할 · 고 | 一 十 土 耂 考 考 |
| | 考 |

| 完 완전할 · 완 | 丶 丷 宀 宀 宀 宀 完 |
| | 完 |

| 成 이룰 · 성 | 丿 厂 厂 厈 成 成 成 |
| | 成 |

探	探	探	探			
찾을 · 탐						

究	究	究	究			
연구할 · 구						

思	思	思	思			
생각 · 사						

考	考	考	考			
생각할 · 고						

完	完	完	完			
완전할 · 완						

成	成	成	成			
이룰 · 성						

10 정보, 통신, 전화
(情報, 通信, 電話)

새·로·배·울·단·어

情	報	通	信	電	話
뜻·정	갚을·보	통할·통	믿을·신	전기·전	말씀·화

 '정보, 통신, 전화'에 관계 있는 글자 원리를 알아봅시다.

情 뜻·정	₩ → 情 → 情	心부 8획 [총 11획]
	진실한 마음(忄←心)에서 우러나오는 아름답고 깨끗한(靑) 사랑으로 '뜻'을 의미한 글자입니다.	
報 갚을·보	報 → 報 → 報	土부 9획 [총 12획]
	사람들이 깜짝 놀랠(幸←夲)만큼 큰 죄인에게 벌주어 다스리니(卩) 죄값을 '갚다'는 뜻의 글자입니다.	

通 통할·통	㺍 → 通 → 通	辶부 7획 [총 11획]
	작은 골목길(甬)이 큰길로 이어져 나가니(辶) 두 길이 서로 어울려 '통하다'는 뜻의 글자입니다.	
信 믿을·신	信 → 信 → 信	人부 7획 [총 9획]
	사람(亻←人)이 입으로 하는 말(言)은 마음의 소리이니 '믿을' 수 있다는 뜻의 글자입니다.	

電 전기·전	閃 → 電 → 電	雨부 5획 [총 13획]
	비(雨)가 내릴 때 빛을 펼치는(电←申) 번개였으나 불을 켜는 '전기'를 뜻한 글자로 되었습니다.	
話 말씀·화	話 → 話 → 話	言부 6획 [총 13획]
	혀(舌)로써 말(言)을 하는 어질고 착한 이야기 같은 말로써 '말씀하다'는 뜻의 글자입니다.	

 예문을 읽으며 글자의 쓰임을 알아봅시다.

情 報

뜻·정   갚을·보

독서의 목적은 사람이나 상황에 따라 각기 다른데, 대부분의 사람들은 즐거움, 교훈, 지식과 **情報**(정보)를 얻기 위해서 책을 읽습니다.

• 情報(정보) - 사정이나 정황의 보고

通 信

통할·통   미을·신

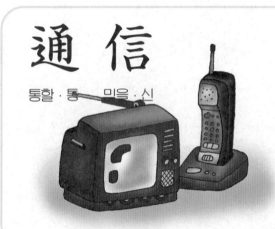

지금과 같은 편리한 **通信**(통신) 시설을 유지 혹은 소유하게 되기까지에는 많은 사람들의 끊임없는 노력이 있었습니다.

• 通信(통신) - 소식을 전함.

電 話

전기·전   말할·화

1876년에 '벨'이 전신기보다 훨씬 사용하기 편리하고 간편한 유선 **電話**(전화)를 발명하였습니다.

• 電話(전화) - 전화기의 준말

배운 글자를 익혀 봅시다.

01 다음과 같은 글자의 원리를 가진 한자를 쓰시오.

> 진실한 마음에서 우러나오는 아름답고 깨끗한 사랑으로 '뜻'을 의미한 글자입니다.

(   )

02 다음 한자를 읽어 보시오.

(1) 情報 (   )   (2) 通信 (   )

03 다음 중 한자와 그 부수가 <u>잘못</u> 연결된 것은 어느 것입니까?

① 情 – 心   ② 報 – 土
③ 通 – 亻   ④ 信 – 言

04 다음 밑줄 친 말을 한자로 쓰시오.

> 우리는 즐거움, 교훈, 지식과 <u>정보</u>를 얻기 위해서 책을 읽습니다.

(   )

05 다음 빈 칸에 알맞은 한자를 쓰시오.

> 1876년에는 벨이 전신기보다 사용하기 편리한 유선 ☐☐ (전화)를 발명하였습니다.

(   )

글자의 뜻과 음을 읽으며, 필순에 맞게 따라 써 보시오.

情 뜻·정	ヽ ′ 忄 忄 忄 忄 忄 忄 情 情 情
報 갚을·보	一 十 土 土 吉 吉 幸 幸 報 報 報
通 통할·통	ヿ ヮ ア 予 予 甬 甬 涌 涌 通 通
信 믿을·신	′ 亻 亻 亻 亻 信 信 信 信
電 전기·전	一 ア 币 币 币 雨 雨 雷 雷 雷 雷 電
話 말씀·화	ヽ 二 宀 言 言 言 言 計 計 話 話

68 생활과 과학

 배운 한자를 써 보시오.

情 뜻·정	情	情	情			
報 갚을·보	報	報	報			
通 통할·통	通	通	通			
信 믿을·신	信	信	信			
電 전기·전	電	電	電			
話 말씀·화	話	話	話			

11 회로, 세밀, 기술
(回路, 細密, 技術)

回路

細密

技術

回 路　　細 密　　技 術

돌아올·회　길·로　　가늘·세　빽빽할·밀　　재주·기　재주·술

 '회로, 세밀, 기술'에 관계 있는 글자 원리를 알아봅시다.

回 돌아올 · 회	回 → 回 → 回	口부 3획 [총 6획]
	팽이같은 물체를 빙빙 회전시킨 모양을 본떠 '돌다'는 뜻의 글자입니다.	
路 길 · 로	路 → 路 → 路	足부 6획 [총 13획]
	사람이 저마다 발(足)로 걸어다니는 방향이 각각(各) 다르니 '길'을 뜻한 글자입니다.	

細 가늘 · 세	細 → 細 → 細	糸부 5획 [총 11획]
	누에의 머리(田←囟) 부분에서 풀려나온 명주실(糸)이 매우 '가늘다'는 뜻의 글자입니다.	
密 빽빽할 · 밀	密 → 密 → 密	宀부 8획 [총 11획]
	나무 숲이 빽빽한(宓) 산(山) 속에서 보석을 캐내니 외부와는 달라서 '비밀스럽다'는 뜻의 글자입니다.	

技 재주 · 기	技 → 技 → 技	手부 4획 [총 7획]
	다섯 손가락(扌←手)으로 여러 가지를 헤아리고(支) 만드니 '손재주가 능통하다'는 뜻의 글자입니다.	
術 재주 · 술	術 → 術 → 術	行부 5획 [총 11획]
	기장이나 삽주의 뿌리(朮)처럼 여러 길(行)로 뻗어가니 사람의 '재주'를 뜻한 글자입니다.	

 **예문을 읽으며 글자의 쓰임을 알아봅시다.**

回 路
돌아올·회　길·로

컴퓨터, TV, 냉장고 등의 전자 제품은 우리가 상상할 수 없을 정도로 많은 回路(회로)들로 이루어져 있습니다.

• 回路(회로) - 전류가 한 점으로부터 출발하여 도체를 돌아서 다시 출발점에 되돌아오기까지의 통로

細 密
가늘·세　빽빽할·밀

요즈음의 전자 제품들은 아주 細密(세밀)하고 정교하게 만들어져 있습니다.

• 細密(세밀) - 자세하고 빈틈없이 꼼꼼함.

技 術
재주·기　재주·술

"이 곳 사람들이 우리의 탁월한 技術(기술)과 근면한 생활 태도에 아낌없는 찬사를 보냈다는 신문기사가 실렸습니다."

• 技術(기술) - 공예의 재주

배운 글자를 익혀 봅시다.

01 다음 중 '가늘다'는 뜻을 가진 한자는 어느 것입니까?

① 回   ② 路   ③ 細
④ 密   ⑤ 技

02 다음 한자의 총 획수를 쓰시오.

(1) 路 – (　　　획)   (2) 密 – (　　　획)

03 다음이 뜻하는 한자를 쓰시오.

> 전류가 한 점으로부터 출발하여 도체를 돌아서 다시 출발점에
> 되돌아오기까지의 통로

(　　　　　　　)

04 다음 밑줄 친 말을 한자로 쓰시오.

> 요즈음 전자 제품은 <u>세밀</u>하게 만들어져 있습니다.

(　　　　　　　)

05 다음이 뜻하는 한자를 쓰시오.

(1) 공예와 재주   (　　　　　)

(2) 자세하고 빈틈없이 꼼꼼함   (　　　　　)

글자의 뜻과 음을 읽으며, 필순에 맞게 따라 써 보시오.

回 돌아올 · 회	丨 冂 冂 冋 冋 回
	回

路 길 · 로	丶 丷 口 𧾷 𧾷 𧾷 跟 跎 跎 跟 路 路
	路

細 가늘 · 세	纟 纟 纟 纟 糹 糹 糹 糿 細 細 細
	細

密 빽빽할 · 밀	丶 丷 宀 宀 少 宓 宓 宓 宓 密 密
	密

技 재주 · 기	一 十 扌 扌 抃 抃 技
	技

術 재주 · 술	丿 彳 彳 千 杵 杵 𣎳 𣎳 術 術 術
	術

 배운 한자를 써 보시오.

回	回	回			

돌아올 · 회

路	路	路			

길 · 로

細	細	細			

가늘 · 세

密	密	密			

빽빽할 · 밀

技	技	技			

재주 · 기

術	術	術			

재주 · 술

  이야기 고사성어

竹 馬 之 友
대나무·죽　　말·마　　갈·지　　벗·우

竹 馬(죽마)는 '대나무로 만든 말', 之(지)는 '의', 友(우)는 '벗, 친구'라는 뜻입니다. 즉 竹馬之友(죽마지우)는 대나무 말을 함께 타고 놀던 친구 또는 어릴 때의 친구를 뜻합니다.

　이 말은 옛날 진나라의 무제가 '제갈정'에게 처음 한 말이 내려온 것입니다.
　제갈정이라는 사람의 아버지 '제갈탄'은 정직한 벼슬아치였는데, 무제의 아버지가 그를 죽였습니다. 시간이 흘러 무제가 왕이 되자, 무제는 신하들에게 어릴적 친구인 '제갈정'을 찾으라고 명령했습니다. 그에게 높은 벼슬을 내리기 위해서였습니다. 그러나 제갈정은 아버지를 죽인 사람의 나라를 원수로 생각하고 있었습니다. 그러나 무제는 어릴 때의 친구인 제갈정을 잊을 수가 없었습니다. 그래서 제갈정의 누나인 제갈비에게 부탁을 하여 제갈정에게 말했습니다.
　"우리는 어릴 때의 '竹馬之友(죽마지우)' 아닌가? 우리의 우정을 잊지는 않았겠지?"
　그러나 제갈정이 "저는 아버지의 원수를 갚지도 못하고 이렇게 비열한 목숨을 이어오고 있습니다."라고 하며 눈물을 흘리자, 무제는 친구 제갈정의 아픈 마음도 모르고 만나려 한 것을 미안하게 생각했다고 합니다.

미 래의 생활

漢字

학 습 목 표

⚘ 한자의 뜻과 음, 총 획수, 부수를 안다.

🔖 한자 자형의 원리와 쓰임을 안다.

🎯 미래 생활의 변화를 안다.

미래, 과거, 현재
(未來, 過去, 現在)

새·로·배·울·단·어

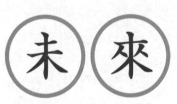

아닐·미　올·래

지날·과　갈·거

나타날·현　있을·재

 '미래, 과거, 현재'에 관계 있는 글자 원리를 알아봅시다.

未 아닐·미	业 → 半 → 未	木부 1획 [총 5획]
	울창한 나뭇잎에 가려(一) 나무(木)의 뒤쪽이 잘 보이지 않으니 결국 '아니다'는 뜻의 글자입니다.	
來 올·래	来 → 來 → 來	人부 6획 [총 8획]
	보리가 하늘에서 내려왔다는 전설에 따른 모양을 본떠서 '오다'는 뜻의 글자입니다.	

過 지날·과	過 → 過 → 過	⻌부 9획 [총 13획]
	입이 비뚤어지는(咼) 것처럼 말이 잘못나가는(⻌) 허물로써 말이 너무 '지나치다'는 뜻의 글자입니다.	
去 갈·거	查 → 古 → 去	厶부 3획 [총 5획]
	사람(土←大)이 아침밥(厶)을 먹자마자 학교나 일터를 찾아 방문을 열고 나가니 '가다'는 뜻의 글자입니다.	

現 나타날·현	現 → 現 → 現	玉부 7획 [총 11획]
	구슬(王←玉)을 갈고 닦고 잘 문지르면 그 빛깔의 맑음이 눈에 보이게(見) '나타나다'는 뜻의 글자입니다.	
在 있을·재	才 → 扗 → 在	土부 3획 [총 6획]
	어린 새싹(才←才)이 흙(土) 위로 고개를 내밀었으니 땅에 '있다'는 뜻의 글자입니다.	

 예문을 읽으며 글자의 쓰임을 알아봅시다.

未 來
아닐·미 올·래

이제 열흘 뒤, 한국의 **未來**(미래)를 짊어진 대한민국 남극 세종기지 대원들을 만날 생각을 하니 가슴이 설레었습니다.

• **未來**(미래) - 아직 오지 않은 때

過 去
지날·과 갈·거

그 행사는 부끄러운 **過去**(과거)를 거울삼아 새롭게 출발하는 우리의 모습을 세계에 널리 알리는 뜻깊은 행사로 남을 것이다.'

• **過去**(과거) - 이미 지나간 때

現 在
나타날·현 있을·재

'지리지'란, …… 그 지방과 관련된 과거와 **現在**(현재)의 중요한 사실들을 기록한 책으로 지역정보에 대한 내용을 체계적으로 기술한 지리책입니다.

• **現在**(현재) - 이제, 지금

배운 글자를 익혀 봅시다.

01 다음 중 한자와 그 부수가 <u>잘못</u> 짝지어진 것은 어느 것입니까?

① 未 - 木   ② 來 - 木   ③ 去 - 厶

④ 現 - 玉   ⑤ 在 - 土

02 총 획수가 8획인 것은 어느 것입니까?

① 未   ② 來   ③ 過

④ 去   ⑤ 現

03 다음 밑줄 친 말을 한자로 쓰시오.

> 이제 열흘 뒤, 한국의 <u>미래</u>를 짊어진 세종기지 대원들을 만날 생각을 하니 가슴이 설레었습니다.

(   )

04 다음 빈 칸에 알맞은 한자를 쓰시오.

> 지나간 ☐☐(과거)는 빨리 잊고 미래를 위해 열심히 일합시다.

(   )

05 서로 관계 있는 것끼리 연결하시오.

(1) 오늘의 다음 날 •   ㉠ 現在

(2) 이미 지나간 때 •   ㉡ 來日

(3) 이제, 지금 •   ㉢ 過去

 글자의 뜻과 음을 읽으며, 필순에 맞게 따라 써 보시오.

| 未 아닐·미 | 一 二 十 才 未 |
| 未 | |

| 來 올·래 | 一 厂 厂 厂 厂 来 來 來 |
| 來 | |

| 過 지날·과 | 丨 冂 冂 冂 咼 咼 咼 咼 渦 渦 渦 過 |
| 過 | |

| 去 갈·거 | 一 十 士 去 去 |
| 去 | |

| 現 나타날·현 | 一 丁 王 王 玗 玔 玥 玥 珇 現 現 |
| 現 | |

| 在 있을·재 | 一 ナ オ 右 在 在 |
| 在 | |

 배운 한자를 써 보시오.

未 아닐·미	未	未	未				
來 올·래	來	來	來				
過 지날·과	過	過	過				
去 갈·거	去	去	去				
現 나타날·현	現	現	現				
在 있을·재	在	在	在				

우주, 개발, 창의
(宇宙, 開發, 創意)

새·로·배·울·단·어

宇　宙　開　發　創　意

집·우　하늘·주　열·개　피어오를·발　비롯할·창　뜻·의

 '우주, 개발, 창의'에 관계 있는 글자 원리를 알아봅시다.

宇 집·우	今 → 宇 → 宇	宀부 3획 [총 6획]
	수증기가 고루 퍼져(于) 대기층의 지붕(宀)을 이루니 우주 공간의 '집'을 뜻하는 글자입니다.	

宙 하늘·주	宙 → 宙 → 宙	宀부 5획 [총 8획]
	위성이 태양을 지붕(宀) 삼아 그로 말미암아(由) 궤도를 돌아가니 '하늘'을 뜻하는 글자입니다.	

開 열·개	開 → 開 → 開	門부 4획 [총 12획]
	굳게 닫혔던 문(門)의 빗장(一)을 두 손(廾)으로 빼서 젖히니 '열다'는 뜻의 글자입니다.	

發 피어오를·발	發 → 發 → 發	癶부 7획 [총 12획]
	들녘의 활짝 핀 유채밭에 서서(癶) 꿩을 향하여 활(弓)을 '쏘아' 목표에 명중하니 웃음이 '피어오르다'는 뜻의 글자입니다.	

創 비롯할·창	創 → 創 → 創	刀부 10획 [총 12획]
	집(倉)을 지으려고 재목을 깎고(刂→刀) 다듬어서 시작하니 '비롯하다'는 뜻의 글자입니다.	

意 뜻·의	意 → 意 → 意	心부 9획 [총 13획]
	마음(心) 속에서 우러나오는 깊고 진정한 생각의 소리(音)로서 '뜻'을 의미하는 글자입니다.	

 **예문을 읽으며 글자의 쓰임을 알아봅시다.**

宇 宙
집·우 하늘·주

우리 인류는 태양계 탐사에만 그치지 않고 **宇宙**(우주) 전체의 탐험과 개척에 끊임없이 도전하고 있습니다.

- **宇宙**(우주) - 공간과 시간의 모두

開 發
열·개 피어오를·발

남극에 세종기지를 설립함으로써, 우리도 이 남극 대륙의 연구, **開發**(개발)에 그 발판을 마련하게 되었습니다.

- **開發**(개발) - 개척하여 발전시킴.

創 意
비롯할·창 뜻·의

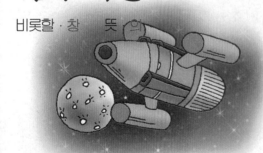

지구나 우주에 있는 다른 천체 주위를 계속 회전하도록 만들어진 물체인 인공 위성은 **創意**(창의)적인 작품 중 가장 우수한 것입니다.

- **創意**(창의) - 새로 생각해 낸 의견

배운 글자를 익혀 봅시다.

01 다음 중 부수가 같은 한자를 두 개만 고르시오.

① 宇   ② 開   ③ 創

④ 意   ⑤ 宙

02 다음 한자와 총 획수가 바르게 짝지어진 것은 어느 것입니까?

① 宙 – 8획   ② 開 – 11획   ③ 發 – 11획

④ 創 – 13획   ⑤ 意 – 12획

03 다음 중 '하늘'을 뜻하는 것은 어느 것입니까?

① 開   ② 宙   ③ 意

④ 發   ⑤ 創

04 다음을 뜻하는 한자를 쓰시오.

(1) 공간과 시간의 모두   (   )

(2) 개척하여 발전시킴   (   )

05 다음 뜻을 가진 한자를 쓰시오.

> 세계의 철갑선 중 거북선은 우리 나라에서 처음으로 생각해
> 서 만든 ☐ ☐ (창의)적인 작품입니다.

(   )

글자의 뜻과 음을 읽으며, 필순에 맞게 따라 써 보시오.

宇 집·우	丶 丷 宀 宀 宁 宇
	宇

宙 하늘·주	丶 丷 宀 宀 宀 宙 宙 宙
	宙

開 열·개	丨 冂 冂 冃 戸 戸 門 門 門 門 閂 開 開
	開

發 피어오를·발	ㄱ ㄱ � 癶 癶 癶 癶 癶 發 發 發 發
	發

創 비롯할·창	ノ 人 今 今 今 今 介 食 食 倉 倉 創
	創

意 뜻·의	丶 亠 亠 立 立 产 音 音 音 音 意 意 意
	意

 배운 한자를 써 보시오.

宇 집·우	宇	宇	宇			
宙 하늘·주	宙	宙	宙			
開 열·개	開	開	開			
發 피어오를·발	發	發	發			
創 비롯할·창	創	創	創			
意 뜻·의	意	意	意			

태양, 광속, 여행
(太陽, 光速, 旅行)

새·로·배·울·단·어

太 陽　　光 速　　旅 行

클·태　햇볕·양　　빛·광　빠를·속　　나그네·려(여)　다닐·행

| 알아두기 | '旅' 자는 낱말의 첫머리에서는 '여'로 읽습니다. |

 '태양, 광속, 여행'에 관계 있는 글자 원리를 알아봅시다.

太 클·태	大부 1획 [총 4획]
	태양(·)이 뜨는 동녘을 바라보며 두 팔과 다리를 벌리니(大) '크다'는 뜻의 글자입니다.
陽 햇볕·양	阜부 9획 [총 12획]
	햇볕(昜)이 잘 쬐는 산 언덕(阝←阜)의 기슭으로 따뜻한 양지의 '볕'을 뜻하는 글자입니다.

光 빛·광	儿부 4획 [총 6획]
	사람(儿←人)의 머리 위에 비추고 있는 불덩이(火)로써 밝음을 주는 태양의 '빛'을 뜻하는 글자입니다.
速 빠를·속	辶부 7획 [총 11획]
	약속(束)했던 시간에 맞추기 위해 급하게 달려가니(辶) 속도가 '빠르다'는 뜻의 글자입니다.

旅 나그네·려(여)	方부 6획 [총 10획]
	깃발(㐆←㫃)을 앞세우고 뒤따르는(氏←從←从) 병사들이 적을 찾아 이동하니 모습이 '나그네' 같음을 뜻하는 글자입니다.
行 다닐·행	行부 0획 [총 6획]
	왼발이 자축거리고(彳) 오른발이 자축거리며(亍) 걸어 '다니니' '행하다'는 뜻의 글자입니다.

예문을 읽으며 글자의 쓰임을 알아봅시다.

太 陽

클·태　햇볕·양

우리 민족은 아득한 옛날부터 흰 빛깔을 좋아하고 **太陽**(태양)을 숭상해 온 조용하고 아름다운 민족입니다.

• 太陽(태양) - 해

光 速

빛·광　빠를·속

빛의 속도인 **光速**(광속)은 1초에 약 30만 킬로미터입니다.

• 光速(광속) - 빛의 속도

旅 行

나그네·려(여)　다닐·행

가뭄 뒤라 볏잎 끝이 누렇게 말라가고 있었다. 이렇게 어려운 때에 혼자 불쑥 **旅行**(여행)을 떠나온 나 자신이 부끄럽게 느껴졌다.

• 旅行(여행) - 자기의 집을 떠나 다른 곳에 다니는 일

배운 글자를 익혀 봅시다.

01 다음 한자의 총 획수를 쓰시오.

(1) 旅 (　　　　획)　　　　(2) 速 (　　　　획)

02 다음 중 부수가 글자 자신인 한자는 어느 것입니까?

① 陽　　　　　② 光　　　　　③ 速
④ 旅　　　　　⑤ 行

03 다음 한자의 음을 쓰시오.

(1) 光速 – (　　　　)　　　　(2) 旅行 – (　　　　)

04 다음 밑줄 친 말을 한자로 쓰시오.

> 우리 민족은 아득한 옛날부터 흰 빛깔을 좋아하고 <u>태양</u>을 숭상해 왔습니다.

(　　　　　　　　)

05 다음 빈 칸에 알맞은 한자를 쓰시오.

> 정수는 이번 방학에 부모님과 제주도로 □□(여행)을 갈 거라고 친구들에게 말했습니다.

(　　　　　　　　)

 글자의 뜻과 음을 읽으며, 필순에 맞게 따라 써 보시오.

太 클·태	一 ナ 大 太
	太

陽 햇볕·양	` ` `阝` `阝` `阝`` `阝` `阝` `阝` `阹` `陽` `陽` `陽`
	陽

光 빛·광	` `l` `l` `业` `业` `光` `光`
	光

速 빠를·속	一 ` ` `口` `口` `申` `束` `束` `速` `速` `速` `速`
	速

旅 나그네·려(여)	` ` `亠` `宀` `方` `方` `方` `旂` `旂` `旅`
	旅

行 다닐·행	` `ク` `タ` `彳` `彳` `行` `行`
	行

 배운 한자를 써 보시오.

太				
太	太	太		

클 · 태

陽				
陽	陽	陽		

햇볕 · 양

光				
光	光	光		

빛 · 광

速				
速	速	速		

빠를 · 속

旅				
旅	旅	旅		

나그네 · 려(여)

行				
行	行	行		

다닐 · 행

15 시간, 거리, 이동
(時間, 距離, 移動)

時 때·시 間 사이·간 距 떨어질·거 離 떠날·리 移 옮길·이 動 움직일·동

 '시간, 거리, 이동'에 관계 있는 글자 원리를 알아봅시다.

時 때·시	峕 → 暭 → 時	日부 6획 [총 10획]
	자연의 이치대로 태양(日)이 일정한 규칙(寸)에 의해 돌아가는 (土←之) '때'를 뜻하는 글자입니다.	
間 사이·간	間 → 間 → 間	門부 4획 [총 12획]
	찬란한 태양(日)의 빛이 창문(門)이나 대문 틈으로 들어오는 '사이'을 뜻하는 글자입니다.	

距 떨어질·거	距 → 距 → 距	足부 5획 [총 12획]
	발걸음(足)을 크게(巨) 하여 걸어가면 제자리에서 먼 거리에 '떨어지다'는 뜻의 글자입니다.	
離 떠날·리	離 → 離 → 離	隹부 11획 [총 19획]
	네 발 짐승(离)과 날짐승(隹)과는 같이 있지 못하고 떨어지니 '떠나다'는 뜻의 글자입니다.	

移 옮길·이	移 → 移 → 移	禾부 6획 [총 11획]
	못자리에서 한꺼번에 자란 많은(多) 양의 모(禾)를 본밭에 심으니 '옮기다'는 뜻의 글자입니다.	
動 움직일·동	動 → 動 → 動	力부 9획 [총 11획]
	무거운(重) 물건을 힘(力)들여서 들어올리거나 옮겨 놓으니 '움직이다'는 뜻의 글자입니다.	

 예문을 읽으며 글자의 쓰임을 알아봅시다.

時 間
때·시 사이·간

時間(시간)이 흘러 6학년이 되었습니다. 6학년이 되면서부터 나는 곧잘 창가에 앉아 지는 해를 보며 생각에 잠기곤 했습니다.

• 時間(시간) - 시각과 시각 사이

距 離
떨어질·거 떠날·리

도시의 距離(거리)에는 자동차의 물결이 넘실대고 있고, 고층 건물들이 들어서 있는 도심지에서 우리들은 첨단 문명의 혜택을 누리고 있습니다.

• 距離(거리) - 두 곳 사이의 떨어진 길이

移 動
옮길·이 움직일·동

게는 사람의 눈 구실을 하는 눈자루로, 먹이를 찾기도 하고 적들의 移動(이동)을 살피기도 합니다.

• 移動(이동) - 옮기어 움직임.

🐸 배운 글자를 익혀 봅시다.

01 다음 한자의 부수를 쓰시오.

(1) 間 – (　　　　부)　　　　(2) 離 – (　　　　부)

02 총 획수가 12획인 한자를 두 개만 고르시오.

① 時　　　　　　② 間　　　　　　③ 距
④ 離　　　　　　⑤ 移

03 다음 빈 칸에 알맞은 한자를 쓰시오.

아침 6시 30분부터 7시 30분까지 1 □□ (시간) 동안 나는
아침 체조를 했습니다.

(　　　　　　　　)

04 다음 중 '두 곳 사이의 떨어진 거리'를 나타내는 한자는 어느 것입니까?

① 時間　　　　② 時節　　　　③ 距離
④ 移動　　　　⑤ 移徙

05 다음 한자의 뜻과 음을 쓰시오.

(1) 時 (뜻:　　　　　음:　　　　　)
(2) 離 (뜻:　　　　　음:　　　　　)

 글자의 뜻과 음을 읽으며, 필순에 맞게 따라 써 보시오.

時				
때 · 시				

丨 冂 冂 日 日⁻ 日⁺ 旷 旷 時 時

時				

間				
사이 · 간				

丨 冂 冃 冃 冃 門 門 門 門 問 間 間

間				

距				
떨어질 · 거				

丶 丶 吖 吖 吖 呈 足 趵 趵 距 距 距

距				

離				
떠날 · 리				

丶 一 亠 亠 立 卤 卤 离 离 离 离 离 离 离 離 離 離

離				

移				
옮길 · 이				

丿 一 千 禾 禾 禾 利 秒 秒 移 移

移				

動				
움직일 · 동				

一 一 一 台 台 台 重 重 重 動 動

動				

 배운 한자를 써 보시오.

時	時	時	時			
때·시						

間	間	間	間			
사이·간						

距	距	距	距			
떨어질·거						

離	離	離	離			
떠날·리						

移	移	移	移			
옮길·이						

動	動	動	動			
움직일·동						

朝 三 暮 四
아침·조　　석·삼　　저녁·모　　넉·사

朝(조)는 '아침', 暮(모)는 '저녁'을 뜻합니다. 즉 朝三暮四(조삼모사)는 '아침에는 세 개, 저녁에는 네 개'라는 뜻으로 눈앞의 이해나 옳고 그름에 사로잡혀서 사물의 본질을 깨닫지 못하는 어리석음을 나타내는 말입니다.

옛날 송나라에 저공이라는 사람이 원숭이를 여러 마리 기르고 살았습니다. 원숭이들은 저공이 하는 말을 다 알아들을 정도로 저공을 따랐습니다. 그런데 저공이 기르는 원숭이가 자꾸 늘어남에 따라 먹이를 사는 데 비용이 많이 들어 가족의 식비까지 줄여야 할 형편이 되자 저공은 원숭이들에게 말을 했습니다.

"이제부터 너희들에게 나무 열매를 아침에는 세 개, 저녁에는 네 개를 주겠다."

이 말을 하자 원숭이들은 시끄럽게 떠들며 반대를 했습니다. 저공은 다시 말을 바꾸어서 원숭이들에게 말했습니다.

"그럼, 아침에는 네 개, 저녁에는 세 개를 주겠다."

그러자 원숭이들은 만족한 듯 좋아했습니다. 이 朝三暮四(조삼모사)라는 고사성어가 유래된 이야기로, 지혜로운 사람이 교묘한 말로 사람들을 설득한 예로 사용되고 있습니다.

모 범 답 안

1 민주주의

1. 자유, 평등, 우호(自由, 平等, 友好)
1. 自 2. ④ 3. (1) 12 (2) 6 4. 平等
5. (1) 자유 (2) 우호

2. 책임, 의무, 권리(責任, 義務, 權利)
1. ④ 2. ⑤ 3. (1) 책임 (2) 의무
(3) 권리 4. 權利 5. ①

3. 민주, 사회, 건설(民主, 社會, 建設)
1. 主 2. (1) 示 (2) 言 3. ③
4. 社會 5. (1) 建設 (2) 民主

4. 소질, 능력, 배양(素質, 能力, 培養)
1. (1) 素 (2) 培 2. ① 3. ⑤
4. (1) 能力 (2) 培養 5. 素質

2 우리의 문화

5. 한식, 추석, 단오(寒食, 秋夕, 端午)
1. ⑤ 2. ① 3. ③ 4. 端午 5. ②

6. 문화, 유산, 보전(文化, 遺産, 保全)
1. ② 2. (1) 文 (2) 生 3. (1) 16
(2) 11 4. (1) 문화 (2) 유산
(3) 보전 5. 遺産

7. 역사, 전통, 성곽(歷史, 傳統, 城郭)
1. (1) 지내다, 력(역) (2) 재, 성 2. ②
3. ① 4. (1) 역사 (2) 전통 5. 城郭

3 생활과 과학

8. 물질, 세계, 공기(物質, 世界, 空氣)
1. (1) 貝 (2) 一 2. 質 3. ④
4. 物質 5. (1) 世界 (2) 空氣

9. 탐구, 사고, 완성(探究, 思考, 完成)
1. (1) 탐구 (2) 사고 2. ② 3. 思考
4. (1) 探究 (2) 完成

10. 정보, 통신, 전화(情報, 通信, 電話)
1. 情 2. (1) 정보 (2) 통신 3. ④
4. 情報 5. 電話

11. 회로, 세밀, 기술(回路, 細密, 技術)
1. ③ 2. (1) 13 (2) 11 3. 回路
4. 細密 5. (1) 技術 (2) 細密

4 미래의 생활

12. 미래, 과거, 현재(未來, 過去, 現在)
1. ② 2. ② 3. 未來 4. 過去
5. (1) ㉡ (2) ㉢ (3) ㉠

13. 우주, 개발, 창의(宇宙, 開發, 創意)
1. ①, ⑤ 2. ① 3. ② 4. (1) 宇宙
(2) 開發 5. 創意

14. 태양, 광속, 여행(太陽, 光速, 旅行)
1. (1) 10 (2) 11 2. ⑤ 3. (1) 광속
(2) 여행 4. 太陽 5. 旅行

15. 시간, 거리, 이동(時間, 距離, 移動)
1. (1) 門 (2) 隹 2. ②, ③ 3. 時間
4. ③ 5. (1) 때, 시 (2) 떠나다, 리

찾 • 아 • 보 • 기

부　　록

 한자능력검정시험 안내

(초등용 8급~4급)

한자능력검정시험이란 정부의 공문서 한자 병용 등 한자 사용 정책이 바뀌어지고, 일선 초·중·고등 학교에서 한자 교육 정책의 강화와 일반 기업체에서의 실무적인 필요성의 증대에 따라서 한자에 대한 이해와 폭넓은 활용 능력을 길러주기 위하여 시행하는 급수별 자격 시험으로 초·중·고등 학교에서 생활 기록부에 반영되고, 공무원·군인 등의 인사 고과에 반영되며, 언론사나 기업체의 입사시나 대입 특기자 전형시 혜택을 받을 수도 있다.

● 검정시험 시행 기관

사단법인 한국한문교육연구원
사단법인 한국서예한자자격협회
사단법인 한국어문회(한국한자능력검정회)

● 시험의 시행 시기

매년 봄과 가을로 나누어 연 2회를 시행함.

● 검정시험 응시 자격

• 학력, 경력, 성별 등 제한이 없음.
• 누구나 실력에 맞는 급수에 응시 가능함.
(단, 1급은 2급 급수 취득자에 한해서만 가능함.)
• 동시에 여러 급수의 응시는 불가함.

● 원서 접수처 및 문의처

• 사단법인 한국한문교육연구원　 : ☎ (02)929-2211, (062)971-4747
• 사단법인 한국서예한자자격협회 : ☎ (031)256-8566
• 사단법인 한국어문회　　　　　 : ☎ (02)525-4951(대)

검정시험 시행 급수

8급, 7급, 6급Ⅱ, 6급, 5급, 4급Ⅱ, 4급, 3급Ⅱ, 3급, 2급, 1급

유형별 출제 기준

문 제 유 형	8급	7급	6급	5급	4급
배 정 한 자	50자	150자	300자	500자	1,000자
쓰 기 한 자	없음	없음	150자	300자	500자
출 제 문 항 수	50문제	70문제	90문제	100문제	100문제
시 험 시 간	50분	50분	50분	50분	50분
합 격 점 (문 항)	35문제	49문제	63문제	70문제	70문제
독 음	25문제	32문제	33문제	35문제	30문제
훈 음	25문제	30문제	23문제	24문제	22문제
한 자 쓰 기	없음	없음	20문제	20문제	20문제
장 단 음	없음	없음	없음	없음	5문제
반대어(상대어)	없음	3문제	4문제	4문제	3문제
완 성 형	없음	3문제	4문제	5문제	5문제
부 수	없음	없음	없음	없음	3문제
동의어(유의어)	없음	없음	2문제	3문제	3문제
동 음 이 의 어	없음	없음	2문제	3문제	3문제
뜻 풀 이	없음	2문제	2문제	3문제	3문제
약 자	없음	없음	없음	3문제	3문제

원서 접수 준비물 및 수수료

- 반명함판 사진 3매, 검정 수수료 무통장 입금증, 주민등록번호 및 한자 성명과 정확한 주소 명기
- 검정수수료 : ① 8급, 7급, 6급Ⅱ : 8,000원　② 6급 : 9,000원
　　　　　　　③ 5급 : 10,000원　　　　④ 4급Ⅱ, 4급 : 11,000원
　　　　　　　⑤ 3급Ⅱ, 3급, 2급 : 15,000원　⑥ 1급 : 35,000원

검정 시험시 준비물 및 합격자 발표

- 준비물 : 수험표, 신분증, 필기구
- 합격자 발표 : (사)한국한문교육연구원 (http://www.hanjaking.co.kr)
　　　　　　　(사)한국서예한자자격협회 (http://www.hanja.org)
　　　　　　　(사)한국어문회 (http://www.hanja.re.kr)

4급 배정 한자

4급 배정 한자(配定 漢字) 1,000자(4급Ⅱ 배정 한자 750자 + 추가 250자).
쓰기 한자는 5급 배정 한자 500자.

ㄱ

家(집 가), 歌(노래 가), 價(값 가), 可(옳을 가), 加(더할 가), 假(거짓 가), 街(거리 가), 暇(겨를 가), 角(뿔 각), 各(각각 각), 覺(깨달을 각), 刻(새길 각), 間(閒[틈 한]의 속자, 사이 간), 看(볼 간), 簡(대쪽 간), 干(방패 간), 感(느낄 감), 監(볼 감), 減(덜 감), 甘(달 감), 敢(감히 감), 甲(첫째천간 갑), 江(강 강), 強(굳셀 강), 康(편안할 강), 講(익힐 강), 降(항복할 강[내릴 항]), 開(열 개), 改(고칠 개), 個(낱 개), 客(손 객), 車(수레 차[거]), 擧(들 거), 去(갈 거), 巨(클 거), 據(의거할 거), 拒(막을 거), 居(있을 거), 建(세울 건), 件(사건 건), 健(튼튼할 건), 傑(뛰어날 걸), 檢(봉함 검), 儉(검소할 검), 格(바로잡을 격), 擊(부딪칠 격), 激(물결부딪쳐흐를 격), 見(볼 견), 堅(굳을 견), 犬(개 견), 決(터질 결), 結(맺을 결), 潔(깨끗할 결), 缺(이지러질 결), 京(서울 경), 敬(공경할 경), 景(볕 경), 輕(가벼울 경), 競(겨룰 경), 經(날 경), 境(지경 경), 慶(경사 경), 警(경계할 경), 驚(놀랄 경), 傾(기울 경), 更(다시 갱), 鏡(거울 경), 界(지경 계), 計(꾀 계), 係(걸릴 계), 繼(이을 계), 階(섬돌 계), 戒(경계할 계), 季(끝 계), 鷄(닭 계), 系(이을 계), 高(높을 고), 苦(쓸 고), 古(옛 고), 告(알릴 고), 考(상고할 고), 固(굳을 고), 故(옛 고), 孤(외로울 고), 庫(곳집 고), 曲(굽을 곡), 穀(곡식 곡), 困(괴로울 곤), 骨(뼈 골), 空(빌 공), 公(공변될 공), 功(공 공), 共(함께 공), 孔(구멍 공), 攻(칠 공), 科(과정 과), 果(실과 과), 課(매길 과), 過(지날 과), 關(빗장 관), 觀(볼 관), 官(벼슬 관), 管(피리 관), 光(빛 광), 廣(넓을 광), 鑛(쇳돌 광), 校(학교 교), 敎(가르칠 교), 交(사귈 교), 橋(다리 교), 九(아홉 구), 口(입 구), 球(공 구), 區(지경 구), 舊(예 구), 具(갖출 구), 救(건질 구), 求(구할 구), 究(연구할

구), 句(글귀 구), 構(얽을 구), 國(나라 국), 局(판 국), 軍(군사 군), 郡(고을 군), 君(임금 군), 群(무리 군), 屈(굽을 굴), 宮(집 궁), 窮(다할 궁), 權(저울추 권), 勸(권할 권), 卷(쇠뇌 권), 券(문서 권), 貴(귀할 귀), 歸(돌아갈 귀), 規(법 규), 均(고를 균), 極(다할 극), 劇(심할 극), 根(뿌리 근), 近(가까울 근), 筋(힘줄 근), 勤(부지런할 근), 金(쇠 금), 今(이제 금), 禁(금할 금), 急(급할 급), 級(등급 급), 給(넉넉할 급), 氣(기운 기), 記(기록할 기), 旗(기 기), 己(자기 기), 基(터 기), 技(재주 기), 汽(김 기), 期(기약할 기), 器(그릇 기), 起(일어날 기), 奇(기이할 기), 機(틀 기), 紀(벼리 기), 寄(부칠 기), 吉(길할 길)

ㄴ

暖(따뜻할 난), 難(어려울 난), 南(남녘 남), 男(사내 남), 納(바칠 납), 內(안 내), 女(계집 녀[여]), 年(해 년), 念(생각할 념[염]), 努(힘쓸 노), 怒(성낼 노), 農(농사 농), 能(능할 능)

ㄷ

多(많을 다), 短(짧을 단), 團(둥글 단), 壇(단 단), 斷(끊을 단), 端(바를 단), 單(홑 단), 檀(박달나무 단), 段(구분 단), 達(통달할 달), 談(말씀 담), 擔(멜 담), 答(팥 답), 堂(집 당), 當(당할 당), 黨(무리 당), 大(큰 대), 代(대신할 대), 對(대답할 대), 待(기다릴 대), 隊(대 대), 帶(띠 대), 德(덕 덕), 道(길 도), 圖(그림 도), 度(법도 도), 到(이를 도), 島(섬 도), 都(도읍 도), 導(이끌 도), 徒(무리 도), 逃(달아날 도), 盜(훔칠 도), 讀(읽을 독), 獨(홀로 독), 督(살펴볼 독), 毒(독 독), 東(동녘 동), 動(움직일 동), 洞(골 동), 同(한가지 동), 冬(겨울 동), 童(아이 동), 銅(구리 동), 頭(머리 두), 豆(콩 두), 斗(말 두), 得(얻을 득), 登(오를 등), 等(가지런할 등), 燈(등잔 등)

ㄹ

羅(새그물 라[나]), 樂(즐길 락[풍류 악, 좋아할 요]), 落(떨어질 락), 亂(어지러

올 란[난]), 卵(알 란[난]), 覽(볼 람[남]), 朗(밝을 랑[낭]), 來(올 래[내]), 冷(찰 랭[냉]), 略(다스릴 략[약]), 良(좋을 량[양]), 量(헤아릴 량[양]), 兩(두 량[양]), 糧(양식 량[양]), 旅(군사 려[여]), 麗(고울 려[여]), 慮(생각할 려[여]), 力(힘 력[역]), 歷(지낼 력[역]), 練(익힐 련[연]), 連(잇닿을 련[연]), 列(줄 렬[열]), 烈(세찰 렬[열]), 領(옷깃 령[영]), 令(영 령[영]), 例(법식 례[예]), 禮(예도 례[예]), 老(늙은이 노[로]), 路(길 로[노]), 勞(일할 노[로]), 綠(초록빛 록[녹]), 錄(기록할 록[녹]), 論(말할 론[논]), 料(되질할 료[요]), 龍(용 룡), 類(무리 류[유]), 流(흐를 류[유]), 留(머무를 류[유]), 柳(버들 류[유]), 六(여섯 륙[육]), 陸(뭍 륙[육]), 輪(바퀴 륜[윤]), 律(법 률[율]), 里(마을 리), 理(다스릴 리), 利(날카로울 리[이]), 李(오얏 이[리]), 離(떼놓을 리[이]), 林(수풀 림[임]), 立(설 립[입])

ㅁ

馬(말 마), 萬(일만 만), 滿(찰 만), 末(끝 말), 望(바랄 망), 亡(망할 망), 每(매양 매), 賣(팔 매), 買(살 매), 妹(누이 매), 脈(맥 맥), 面(낯 면), 勉(힘쓸 면), 名(이름 명), 命(목숨 명), 明(밝을 명), 鳴(울 명), 母(어미 모), 毛(털 모), 模(법 모), 木(나무 목), 目(눈 목), 牧(칠 목), 妙(묘할 묘), 墓(무덤 묘), 無(없을 무), 武(굳셀 무), 務(일 무), 舞(춤출 무), 門(문 문), 文(무늬 문), 問(물을 문), 聞(들을 문), 物(만물 물), 米(쌀 미), 美(아름다울 미), 味(맛 미), 未(아닐 미), 民(백성 민), 密(빽빽할 밀)

ㅂ

朴(후박나무 박), 博(넓을 박), 拍(칠 박), 反(되돌릴 반), 半(반 반), 班(나눌 반), 發(쏠 발), 髮(터럭 발), 方(모 방), 放(놓을 방), 房(방 방), 防(둑 방), 訪(찾을 방), 妨(방해할 방), 倍(곱 배), 配(아내 배), 背(등 배), 拜(절 배), 白(흰 백), 百(일백 백), 番(갈마들 번), 罰(죄 벌), 伐(칠 벌), 範(법 범), 犯(범할 범), 法(법 법), 壁(벽 벽), 變(변할 변), 邊(가 변), 辯(말잘할 변), 別(나눌 별), 病(병 병), 兵(군사 병), 報(갚을 보), 寶(보배 보), 保(지킬 보), 步(걸음 보), 普(널리 보), 服(옷 복), 福(복 복), 伏(엎드릴 복), 複(겹옷 복),

本(밑 본), 奉(받들 봉), 父(아비 부), 夫(지아비 부), 部(거느릴 부), 婦(며느리 부), 富(가멸 부), 復(다시 부[돌아올 복]), 副(버금 부), 府(곳집 부), 否(아닐 부), 負(질 부), 北(북녘 북), 分(나눌 분), 憤(결낼 분), 粉(가루 분), 不(아닐 불), 佛(부처 불), 比(견줄 비), 鼻(코 비), 費(쓸 비), 備(갖출 비), 悲(슬플 비), 非(아닐 비), 飛(날 비), 秘(귀신 비), 批(칠 비), 碑(돌기둥 비), 貧(가난할 빈), 氷(얼음 빙)

ㅅ

四(넉 사), 事(일 사), 社(단체 사), 使(하여금 사), 死(죽을 사), 仕(벼슬할 사), 士(선비 사), 史(역사 사), 思(생각할 사), 寫(베낄 사), 査(사실할 사), 謝(사례할 사), 師(스승 사), 舍(집 사), 寺(절 사), 辭(말 사), 絲(실 사), 私(사사 사), 射(궁술 사), 山(뫼 산), 算(셀 산), 産(낳을 산), 散(흩을 산), 殺(죽일 살), 三(석 삼), 上(위 상), 相(서로 상), 商(헤아릴 상), 賞(상줄 상), 狀(형상 상), 床(牀의 俗字, 상 상), 常(항상 상), 想(생각할 상), 象(코끼리 상), 傷(상처 상), 色(빛 색), 生(날 생), 西(서녘 서), 書(쓸 서), 序(차례 서), 夕(저녁 석), 石(돌 석), 席(자리 석), 先(먼저 선), 線(줄 선), 仙(신선 선), 鮮(고울 선), 善(착할 선), 船(배 선), 選(가릴 선), 宣(베풀 선), 雪(눈 설), 說(말씀 설), 設(베풀 설), 舌(혀 설), 姓(성 성), 成(이룰 성), 省(살필 성), 性(성품 성), 誠(정성 성), 聖(성스러울 성), 城(성 성), 聲(소리 성), 星(별 성), 盛(담을 성), 世(대 세), 歲(해 세), 洗(씻을 세), 勢(기세 세), 細(가늘 세), 稅(세), 小(작을 소), 少(적을 소), 所(바 소), 消(사라질 소), 掃(쓸 소), 笑(웃을 소), 素(흴 소), 速(빠를 속), 束(묶을 속), 俗(풍속 속), 續(이을 속), 屬(엮을 속[이을 촉]), 孫(손자 손), 損(덜 손), 送(보낼 송), 松(소나무 송), 頌(기릴 송), 水(물 수), 手(손 수), 數(셀 수), 樹(나무 수), 首(머리 수), 收(거둘 수), 授(줄 수), 受(받을 수), 修(닦을 수), 守(지킬 수), 秀(빼어날 수), 宿(묵을 숙), 肅(엄숙할 숙), 叔(아재비 숙), 順(순할 순), 純(생사순), 術(꾀 술), 崇(높을 숭), 習(익힐 습), 勝(이길 승), 承(받들 승), 市(저자 시), 時(때 시), 始(처음 시), 示(보일 시), 視(볼 시), 試(시험할 시), 詩(시 시), 施(베풀 시), 是(옳을 시), 食(밥 식), 植(심을 식), 式(법 식), 識(알 식), 息(숨쉴 식),

信(믿을 신), 身(몸 신), 新(새 신), 神(귀신 신), 臣(신하 신), 申(아홉째지지 신), 室(집 실), 失(잃을 실), 實(열매 실), 心(마음 심), 深(깊을 심), 十(열 십), 氏(각시 씨)

兒(아이 아), 惡(악할 악), 安(편안할 안), 案(책상 안), 眼(눈 안), 暗(어두울 암), 壓(누를 압), 愛(사랑 애), 液(진 액), 額(이마 액), 野(들 야), 夜(밤 야), 弱(약할 약), 藥(약 약), 約(묶을 약), 洋(바다 양), 陽(볕 양), 養(기를 양), 羊(양 양), 樣(모양 양), 語(말씀 어), 魚(고기 어), 漁(고기잡을 어), 億(억 억), 言(말씀 언), 嚴(엄할 엄), 業(업 업), 餘(남을 여), 如(같을 여), 與(줄 여), 逆(거스를 역), 易(바꿀 역), 域(지경 역), 然(그러할 연), 煙(연기 연), 演(멀리흐를 연), 硏(갈 연), 延(끌 연), 緣(가선 연), 鉛(납 연), 燃(사를 연), 熱(더울 열), 葉(잎 엽), 英(꽃부리 영), 永(길 영), 榮(꽃 영), 營(경영할 영), 迎(맞이할 영), 映(비출 영), 藝(심을 예), 豫(미리 예), 五(다섯 오), 午(일곱째지지 오), 誤(그릇할 오), 屋(집 옥), 玉(옥 옥), 溫(따뜻할 온), 完(완전할 완), 王(임금 왕), 往(갈 왕), 外(밖 외), 要(구할 요), 曜(빛날 요), 謠(노래 요), 浴(목욕할 욕), 勇(날쌜 용), 用(쓸 용), 容(얼굴 용), 右(오른쪽 우), 雨(비 우), 友(벗 우), 牛(소 우), 遇(만날 우), 優(넉넉할 우), 郵(역참 우), 運(돌 운), 雲(구름 운), 雄(수컷 웅), 園(동산 원), 遠(멀 원), 元(으뜸 원), 願(원할 원), 原(근원 원), 院(담 원), 員(수효 원), 圓(둥글 원), 怨(원망할 원), 援(당길 원), 源(근원 원), 月(달 월), 偉(훌륭할 위), 位(자리 위), 爲(할 위), 衛(지킬 위), 圍(둘레 위), 危(위태할 위), 威(위엄 위), 委(맡길 위), 慰(위로할 위), 有(있을 유), 由(말미암을 유), 油(기름 유), 遺(끼칠 유), 乳(젖 유), 遊(놀 유), 儒(선비 유), 育(기를 육), 肉(고기 육), 銀(은 은), 恩(은혜 은), 隱(숨길 은), 音(소리 음), 飮(마실 음), 陰(응달 음), 邑(고을 읍), 應(응할 응), 意(뜻 의), 醫(의원 의), 衣(옷 의), 義(옳을 의), 議(의논할 의), 依(의지할 의), 疑(의심할 의), 儀(거동 의), 二(두 이), 以(써 이), 耳(귀 이), 移(옮길 이), 異(다를 이), 益(더할 익), 人(사람 인), 因(인할 인), 認(알 인), 印(도장 인), 引(끌 인), 仁(어질 인), 一(한 일), 日(해 일), 任(맡길 임), 入(들 입)

ㅈ

自(스스로 자), 子(아들 자), 字(글자 자), 者(놈 자), 姿(맵시 자), 姉(姉[손윗누이 자]의 속자), 資(재물 자), 昨(어제 작), 作(지을 작), 殘(해칠 잔), 雜(섞일 잡), 長(길 장), 場(마당 장), 章(글 장), 將(장차 장), 障(가로막을 장), 壯(씩씩할 장), 腸(창자 장), 裝(꾸밀 장), 奬(권면할 장), 帳(휘장 장), 張(베풀 장), 才(재주 재), 在(있을 재), 財(재물 재), 材(재목 재), 災(재앙 재), 再(두 재), 爭(다툴 쟁), 貯(쌓을 저), 低(밑 저), 底(밑 저), 的(과녁 적), 赤(붉을 적), 敵(원수 적), 適(갈 적), 籍(서적 적), 賊(도둑 적), 績(실 낳을 적), 積(쌓을 적), 電(번개 전), 全(온전할 전), 前(앞 전), 戰(싸울 전), 典(법 전), 傳(전할 전), 展(펼 전), 田(밭 전), 專(오로지 전), 轉(구를 전), 錢(돈 전), 節(마디 절), 切(끊을 절), 絶(끊을 절), 折(꺾을 절), 店(가게 점), 點(점 점), 占(차지할 점), 接(사귈 접), 正(바를 정), 庭(뜰 정), 定(정할 정), 情(뜻 정), 停(머무를 정), 精(찧을 정), 程(단위 정), 政(정사 정), 丁(넷째천간 정), 整(가지런할 정), 靜(고요할 정), 弟(아우 제), 第(차례 제), 題(표제 제), 祭(제사 제), 濟(건널 제), 製(지을 제), 際(사이 제), 制(마를 제), 提(끌 제), 除(섬돌 제), 帝(임금 제), 祖(조상 조), 朝(아침 조), 調(고를 조), 操(잡을 조), 助(도울 조), 鳥(새 조), 造(지을 조), 早(새벽 조), 條(가지 조), 組(끈 조), 潮(조수 조), 足(발 족), 族(겨레 족), 尊(높을 존), 存(있을 존), 卒(군사 졸), 種(씨 종), 終(끝날 종), 宗(마루 종), 從(좇을 종), 鐘(종 종), 左(왼 좌), 座(자리 좌), 罪(허물 죄), 主(주인 주), 住(살 주), 注(물댈 주), 晝(낮 주), 週(돌 주), 州(고을 주), 走(달릴 주), 周(두루 주), 朱(붉을 주), 酒(술 주), 竹(대 죽), 準(수준기 준), 中(가운데 중), 重(무거울 중), 衆(무리 중), 增(불을 증), 證(증거 증), 紙(종이 지), 地(땅 지), 知(알 지), 止(그칠 지), 至(이를 지), 志(뜻 지), 支(가를 지), 指(손가락 지), 誌(기록할 지), 持(가질 지), 智(슬기 지), 直(곧을 직), 職(벼슬 직), 織(짤 직), 進(나아갈 진), 眞(참 진), 盡(다될 진), 珍(보배 진), 陣(줄 진), 質(바탕 질), 集(모일 집)

ㅊ

次(버금 차), 差(어긋날 차), 着(붙을 착[저]), 讚(기릴 찬), 察(살필 찰), 參

(간여할 참), 窓(창 창), 唱(노래 창), 創(비롯할 창), 採(캘 채), 責(꾸짖을 책), 冊(책 책), 處(살 처), 川(내 천), 千(일천 천), 天(하늘 천), 泉(샘 천), 鐵(쇠 철), 靑(푸를 청), 淸(맑을 청), 請(청할 청), 聽(들을 청), 廳(관청 청), 體(몸 체), 草(풀 초), 初(처음 초), 招(부를 초), 寸(마디 촌), 村(마을 촌), 銃(총 총), 總(거느릴 총), 最(가장 최), 秋(가을 추), 推(옮을 추), 祝(빌 축), 築(쌓을 축), 蓄(쌓을 축), 縮(다스릴 축), 春(봄 춘), 出(날 출), 充(찰 충), 蟲(벌레 충), 忠(충성 충), 取(취할 취), 趣(달릴 취), 就(이룰 취), 測(잴 측), 層(층 층), 致(보낼 치), 置(둘 치), 齒(이 치), 治(다스릴 치), 則(법칙 칙[곧 즉, 본받을 측]), 親(친할 친), 七(일곱 칠), 侵(침노할 침), 寢(잠잘 침), 針(바늘 침), 稱(일컬을 칭)

ㅋ

快(쾌할 쾌)

ㅌ

打(칠 타), 他(다를 타), 卓(높을 탁), 炭(숯 탄), 彈(탄알 탄), 歎(읊을 탄), 脫(벗을 탈), 探(찾을 탐), 太(클 태), 態(모양 태), 宅(집 택), 擇(가릴 택), 土(흙 토), 討(칠 토), 通(통할 통), 統(큰줄기 통), 痛(아플 통), 退(물러날 퇴), 鬪(싸움 투), 投(던질 투), 特(수컷 특)

ㅍ

波(물결 파), 破(깨뜨릴 파), 派(물갈래 파), 板(널빤지 판), 判(판가름할 판), 八(여덟 팔), 敗(깨뜨릴 패), 便(편할 편), 篇(책 편), 平(평평할 평), 評(끓을 평), 閉(닫을 폐), 砲(돌쇠뇌 포), 包(쌀 포), 布(베 포), 胞(태보 포), 暴(사나울 폭, 햇빛쪼일 폭), 爆(터질 폭), 表(겉 표), 票(불똥튈 표), 標(우듬지 표), 品(물건 품), 風(바람 풍), 豊(풍성할 풍[굽높은그릇 례]), 疲(지칠 피), 避(피할 피), 必(반드시 필), 筆(붓 필)

◆ 엮은이 ─────────────────────────────

홍성식 : 서울교육대학교 부설 초등학 교장

장희구 : 한국한문교육연구원장

임금래 : 노벨과 개미 제품개발팀장

김종욱 : 학문사 편집국 국장

초등 한자와 생활 ⑤

2016년 2월 10일 인쇄
2016년 2월 15일 발행

엮은이 / 홍성식 장희구 임금래 김종욱
발행인 / 김 주 연
발행처 / HMP ⑩ 돌샘 학 문 사
경기도 고양시 덕양구 화중로 100(화정동) 비전타워21빌딩
전화_(대) 02-738-5118 | 팩스_031-966-8990
신고번호 제300-2005-106호

값 5,300원

© HAKMUN PUBLISHING CO. 2016

ISBN 89-467-9176-3
E-mail: hakmun@hakmun.co.kr
http://www.hakmun.co.kr